健身营养问答

孙键　编著

U0786592

中国健康传媒集团
中国医药科技出版社

内容提要

本书是专为健身人士提供营养指导的图书。书中以问答的形式，系统性地介绍了健身营养的基础，减脂、增肌、塑形营养等方面的知识，内容全面、系统，结构清晰，语言通俗易懂。本书也可作为健身相关人员营养学方面的参考用书。

图书在版编目（CIP）数据

健身营养问答 / 孙键编著 . — 北京：中国医药科技出版社，2020.11

ISBN 978-7-5214-2024-1

Ⅰ . ①健… Ⅱ . ①孙… Ⅲ . ①体育卫生—营养学—问题解答 Ⅳ . ① G804.32-44

中国版本图书馆 CIP 数据核字（2020）第 180001 号

美术编辑 陈君杞
版式设计 锋尚设计

出版 **中国健康传媒集团｜中国医药科技出版社**
地址 北京市海淀区文慧园北路甲 22 号
邮编 100082
电话 发行：010-62227427 邮购：010-62236938
网址 www.cmstp.com
规格 710 × 1000mm 1/16
印张 10
字数 194 千字
版次 2020 年 12 月第 1 版
印次 2020 年 12 月第 2 次印刷
印刷 三河市万龙印装有限公司
经销 全国各地新华书店
书号 ISBN 978-7-5214-2024-1
定价 49.00 元

前言

健身风潮在中国愈演愈烈，很多怀着一腔热情，走进健身房的人士，起初确实看到了健身给身体带来的改变，然而随着时间的推移，身材的变化却越来越不明显，很多健身者逐渐发现饮食对身材改变有着巨大影响作用，对科学的饮食与正确的锻炼相结合越来越感兴趣，对健身营养知识的需求也越来越多。本书以问答的方式直接解决健身者对营养知识以及营养与健身的关系知识的需求。全书共分四部分：第一部分介绍了营养的基础知识，为后续内容的理解做好铺垫；第二部分重点回答如何减脂，告诉大家那些关于减脂的营养秘诀；第三部分重点回答如何增肌，满足健身者想要拥有强壮饱满肌肉的营养需求；最后一部分是塑形，重点围绕如何利用营养知识维持良好的身材展开论述。

本书的最大特点是，科学严谨，通俗易懂，适合普通大众的阅读习惯。

欢迎读者批评指正，欢迎登录月沐营养哥微博。

编 者

2020年5月

目录

PART 1 健身营养基础：必须懂的营养知识

PART 2 减脂营养问答：苗条的秘密

PART 3 增肌营养问答：强壮的营养策略

PART 4 塑形营养问答：日常健身必备营养知识

PART 1

健身营养基础：必须懂的营养知识

1 水

水是生命的基础物质，是身体需求量最大的营养物质。虽然水不含有任何热量，但是水对于维持生命却是一个至关重要的物质。

人体肌肉组织中含70%左右的水分，而脂肪中含有20%~30%的水分。身体要想处于健康的状态，就必须维持水平衡。正常人体中的液体在各部位的分布相对恒定，它们之间不断进行交换，保持着动态平衡。正常情况下，人体每日水的摄入量与排出量是相对稳定的。

通常，人们每天通过呼吸和皮肤蒸发排出水分约850毫升，这部分水的排出是感觉不到的，也是不可控制的，称为不显性失水。为了消化食物，胃肠每天分泌的消化液约为8200毫升，但绝大部分在回肠末端和右半结肠被重吸收，只有150毫升左右的水由粪便排出。成人每天从肾脏排泄固体废物一般不少于35克，每克至少需15毫升尿液才能被溶解排出体外，因而每天尿量一般宜维持在1000～1500毫升。以上可看出，正常人每天水的摄入量最低限度为1500毫升，较合理的为2500毫升左右。

2 碳水化合物

碳水化合物是为人体提供热能的一种营养素。大部分的碳水化合物来自于植物食品，少部分碳水化合物来自动物食品。人体自身可以通过肝脏合成碳水化合物。

碳水化合物到底有哪些种类？它在人体中和增肌减脂有着怎样的联系？

碳水化合物的种类

食物中的碳水化合物大致可以分成3类：单糖、双糖或低聚糖、多糖。对于健身爱好者而言，了解碳水化合物的种类及其特性非常重要，可以帮助我们选择适合的碳水化合物，服务于我们的运动和健康目标。下面我们就来认识这些碳水化合物。

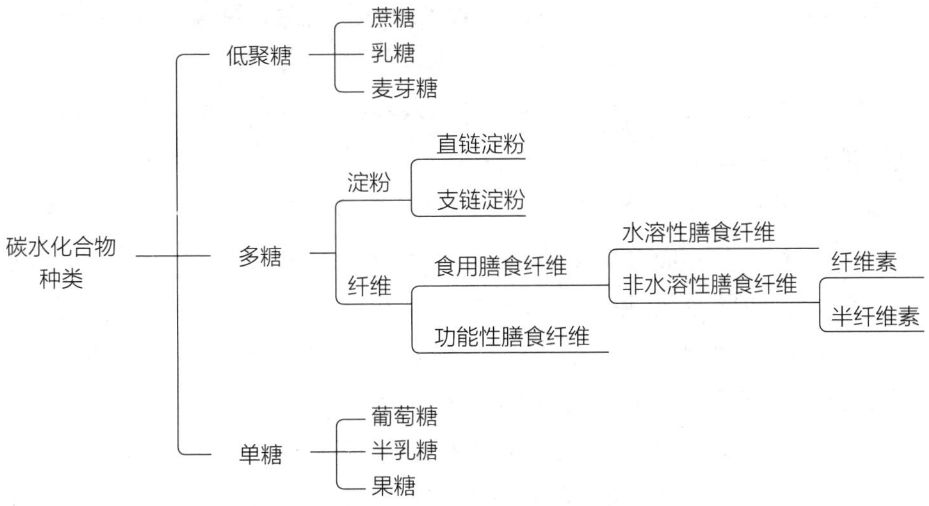

图1-1　碳水化合物种类

（1）**单糖**　单糖家族中含有葡萄糖、果糖和半乳糖。

葡萄糖是人体营养物质和能量的主要来源。通常人们通过饮食，摄入多种碳水化合物，最终身体将这些碳水化合物分解成单糖，其中最主要的是葡萄糖。葡萄糖还可以通过肝脏糖异生的过程产生，也就是利用蛋白质和脂肪等原材料转换成葡萄糖。葡萄糖的吸收主要是在小肠中完成，它有3个归宿：一部分被细胞马上利用，为身体供能；另外一部分存储在骨骼肌和肝脏中待命，等待身体随时取用；最后一部分则被转换成脂肪。

果糖也是一种单糖，水果和蜂蜜中含有果糖，同样也在小肠内吸收，与葡萄糖不同的是，果糖被身体吸收后会由肝脏将其转换成葡萄糖。

还有一种糖叫乳糖，它是葡萄糖和半乳糖的结合体。半乳糖主要存在于动物的乳汁和乳腺中，被人体小肠吸收后，经过肝脏处理变成葡萄糖。

（2）**双糖或低聚糖**　低聚糖又称寡糖，是由2~10个单糖分子脱水缩合形成的。其中双糖仅由2个单糖组成，常见的双糖有蔗糖、乳糖和麦芽糖。麦芽糖由2个葡萄糖组成，蔗糖由葡萄糖和果糖结合而成，乳糖则由葡萄糖和半乳糖结合而成。

我们平时吃得最多的糖是双糖，如面包、饼干或炒菜中都会添加蔗糖，很多奶制品中都含有乳糖。这些双糖常被用作食品增甜剂，每天被人类大量消耗，可能成为很多人长胖的元凶。它们给我们带来了能量和快乐，同时也带来了变胖的风险。

（3）**多糖**　多糖与双糖或低聚糖相比，含有更多的单糖分子，多糖主要有2种类型：淀粉和纤维素。

淀粉主要存在于植物中，如谷物、玉米和土豆等。淀粉分为2种类型：直链淀粉和支链淀粉，由于它们的形态不同，决定了其在人体消化的速度不同。相比直链淀粉，支链淀粉更容易被消化酶剪切成葡萄糖被小肠吸收，因此其血糖生成指数偏高，比如糯米，这种淀粉中支链淀粉所占比例高达80%。因此，为了维持体脂率在健康范围内，选择直链淀粉比例高的淀粉是较为明智的。

另外一种多糖是纤维素，可分为可溶性纤维素和不可溶性纤维素，这两种纤维素形态各有不同：可溶性纤维素表现为胶冻状，常见于水果，而不可溶性纤维素常见于各种果皮、谷皮类。膳食纤维素的不断摄入对于控制体重有着重要作用。

膳食纤维对体重的影响机制主要有以下四点。

---

① 膳食纤维摄入之后会吸水膨胀，增加饱腹感，从而减少其他食物的摄入。

② 膳食纤维在摄入之后，需要人体增加对食物的消化时间，可以进一步延缓胃中食物的消化排空速度，从而降低人体能量以及相关营养的吸收。

③ 膳食纤维将会对脂肪氧化产生一定影响，减少了脂肪积聚，从而增加人体粪便当中的脂肪含量。

④ 膳食纤维当中的可溶性膳食纤维，将会对人体血糖含量产生重要影响。在人体中的可溶性膳食纤维，通过吸水膨胀可以截留住身体中的消化酶，使得碳水化合物无法在消化酶的作用下被分解，葡萄糖在此种环境下难以发生扩散，也就不会在用餐之后发生血糖飙升的问题。

世界卫生组织（WHO）规定人体膳食纤维摄入量每人每天应该保证在28～40克之间，而我国规定膳食纤维每人每天的摄入量应该保持在25～35克之间。

碳水化合物的主要功能

碳水化合物具有很多重要的功能，其核心是为身体提供能量，是代谢最常用的“燃料”。归纳总结有四方面。

---

① 为细胞代谢提供能量。正常情况下，身体中的神经细胞和红细胞主要使用碳水化合物作为其工作的能量底物，大脑的正常运转只依赖于葡萄糖，碳水化合物为正常的生理代谢活动提供能量基础。

② 为骨骼肌的代谢提供能量。肌肉的收缩需要能量，而碳水化合物在细胞中的分解可以为肌肉提供更好的动力，因此健身爱好者和运动员如果想要在运动方面表现得更加出色，则很大程度需要依赖碳水化合物。

③ 帮助身体节约蛋白质。当身体中的碳水化合物充足时，可以为身体提供足够的能量，使得身体的蛋白质代谢更加经济，同时碳水化合物还可以促进蛋白质的生长和修复。

④ 可以引导脂肪消耗。细胞的基础代谢循环，即三羧酸循环（TCA），是产生ATP的过程，如果身体需要将脂肪作为燃料进入到该循环供能时，必须结合碳水化合物的代谢产物，否则脂肪酸无法进入到该循环中，从而无法为脂肪供能。

碳水化合物在体内的代谢过程

碳水化合物进入人体后会以糖原的形式进行存储，为了维持正常的生理活动，人体的血糖需要非常精确地维持在一个狭窄的范围，碳水化合物对于大脑、骨骼肌和内脏至关重要，是其主要的能量来源，但身体存储的数量有限，所以身体只能将其控制在一定范围。多余的血糖要在胰岛素的作用下被转移成脂肪储存，而如果糖原不够，比如长时间无进食，或者在运动期间消耗了大量的碳水化合物，身体会通过分泌胰高血糖素，促进肝脏的糖异生，再造糖原供机体使用，所以健康人体的血糖总会维持在一定范围。

这里要引入一个血糖生成指数（GI）的概念，血糖生成指数是反映人体摄入碳水化合物后血糖水平上升速率的指标，GI值高的碳水化合物可以快速地被肠道吸收，显著地刺激胰岛素的分泌，使血糖快速上升，反过来，GI值低的碳水化合物在身体中消化的时间长，对胰岛素的刺激就少，血糖上升缓慢。很多减脂饮食法正是利用了这一特性，鼓励采用低GI碳水化合物。这样可以避免胰岛素分泌过多，引起脂肪细胞积累。

既然糖原是碳水化合物在身体的存储形式，那么糖原的合成和分解过程就值得我们关注，糖原的合成是身体内的葡萄糖经过一系列复杂的反应，在糖原合成酶的催化下，形成一种葡萄糖聚合物的过程。

糖原的分解则是身体消耗能量的信号，其目的是生成更多的ATP供身体使用，这个过程也极其精巧和复杂，在磷酸化酶的催化下糖原分解成葡糖-6-磷酸进入到细胞中进行糖酵解，从而产生身体所需的ATP。

3 蛋白质

氨基酸是蛋白质的基本组成成分，蛋白质就是由氨基酸组成的特定有机化合物，蛋白质存在于身体的各个组织中，其功能较多。

蛋白质的功能

蛋白质的功能主要有四方面：一是机体组织的主要构成成分，肌肉和内脏等都含有丰富的蛋白质；二是具有代谢等生理功能，如激素蛋白、受体蛋白、酶蛋白、免疫蛋白等，都是蛋白质，共同参与身体的新陈代谢；三是能够进行能量供给，当身体缺乏能量时，会分解自身蛋白质释放能量供机体使用；四是体内其他含氮物质的基础原料，如肉碱、牛磺酸、胆碱、肌酸、嘌呤和嘧啶等都是蛋白质分解的氨基酸。

蛋白质的代谢途径

蛋白质的基本组成成分是氨基酸，因此蛋白质在身体中的代谢是以氨基酸为基本单位的，这些氨基酸的归宿有三个：一是形成结构信号和功能蛋白，变成肌肉、各类酶和激素；二是形成新的含氮化合物，比如一些非必需氨基酸；三是被氧化分解代谢出去，在脱氨基的作用下，释放能量，而这部分消失的氨基酸残留将被转换为尿素经肾脏排出体外。

身体中的氨基酸需求　必需氨基酸指的是人体自身不能合成或合成速度不能满足人体需要，必须从食物中摄取的氨基酸。对成人来讲必需氨基酸共有八种：赖氨酸、色氨酸、苯丙氨酸、甲硫氨酸（蛋氨酸）、苏氨酸、异亮氨酸、亮氨酸、缬氨酸。对于婴儿来讲必需氨基酸有九种，还包括组氨酸。如果饮食中经常缺少上述氨基酸，会影响健康。

最近的研究文献显示，精氨酸和牛磺酸经过脱氨处理可生成一氧化氮，而一氧化氮可以参与身体许多生理功能，因此这两种氨基酸也可算作人体必需氨基酸。市面上的运动补剂正是利用了这一点，满足人体对必需氨基酸的需要。

蛋白质的选择

根据蛋白质当中是否含有人体必需氨基酸，将蛋白质分为完全蛋白和不完全蛋白，通常肉类、蛋类和奶制品中含有完整的人体所需的必需氨基酸，被称为完全蛋白，而植物中的人体必需氨基酸含量少，因此被称为不完全蛋白。

为了保证身体能够有足量的必需氨基酸摄入，我们选择完全蛋白作为蛋白质摄入的主要来源。

蛋白质的消化率

你以为我们吃进去的蛋白质都能够被身体完全利用吗？当然不可能，你以为按照营养学会推荐的量摄入蛋白质，我们就不会缺乏蛋白质了吗？未必。

这里我们必须考虑蛋白质的消化率和利用率。

蛋白质的消化率是指蛋白质被消化酶分解的程度，被分解的蛋白质越多，消化程度就越高。消化率的计算公式如下：

蛋白质消化率（%）=（摄入氮含量－粪氮含量）/摄入氮含量×100%

通常乳制品和蛋类的蛋白质消化率为97%以上，肉类为92%左右，精细碳水化合物（如馒头、米饭和土豆等）的蛋白质消化率为74%~82%，粗粮为66%左右，豆制品为90%左右。

乳清蛋白、酪蛋白、鸡蛋和大豆都是非常好的蛋白。对于没时间做饭或不吃肉的人来说，可以考虑选择以上蛋白质进行补充，这对于人们选择蛋白质有着现实指导意义。

必须强调的是，大豆蛋白虽然缺乏人体必需氨基酸，但其蛋白质质量很高，含有异黄酮糖苷，对健康十分有利。

另外还有一种更加精确的评价蛋白质吸收的方法，那就是蛋白质的生物价，生物价是蛋白质在体内消化后，进入体内的这部分氨基酸叫吸收氮，然后它们再经过进一步的利用，一部分氨基酸被彻底留了下来，剩下的通过尿氮的形式排出体外，称为储蓄氮，储蓄氮与吸收氮的比值就是蛋白质的生物价。

生物价越高，说明蛋白质的利用效率越高。需要着重说明的是，生物价还与蛋白质是否含有足够的人体必需氨基酸息息相关，动物蛋白的生物价明显高于植物蛋白。

4 脂肪

人类是杂食性动物，对食物的选择往往是多样性的，其中脂肪是我们人体必需摄入的宏观营养素，没有它我们的身体可能会出现各种问题！

脂肪的定义

脂肪是由1个甘油分子和2个脂肪酸分子结合成的甘油三酯。

脂肪酸按照碳链的长短可分为短链、中链和长链脂肪酸；按照饱和度的大小可分为饱和脂肪酸（SFA）、单不饱和脂肪酸（MUFA）、多不饱和脂肪酸（PUFA）和反式脂肪酸。

另外还有一种类似脂肪的物质，被称为类脂，其家族成员主要有磷脂和固醇类，对人体的肌肉生长和运动表现会产生重要的作用。

脂肪和类脂统称脂类。

脂类的主要功能

脂肪可以说是身体的最大能量“供应商”，1克脂肪能够产生9千卡（1千卡=4.18千焦）的热量，当身体需要能量时，脂肪就派上用场了，而且脂肪可以有效增加食物的口感和饱腹感，让人既能满足食欲又有很强烈的饱腹感。

有一些维生素的溶解和吸收必须要利用脂肪。

细胞膜就是由脂类构成，利用脂不溶于水的原理，实现了人体神经信号的传导，这是脂类神奇的地方，没有脂类，免疫力无法发挥作用，各类激素也无法工作。脂类好比是我们的信号兵，没了它你都不知道身体哪些地方出了问题，更别提做应对措施了。另外脂肪可以保护内脏、润滑关节，更是我们的燃料储备库，当遇到极端事件时，脂肪还能延长存活的时间。

另外不得不提的是，类脂家族中的胆固醇和磷脂，磷脂是细胞膜流动的重要成分，而胆固醇不仅可以增强膜的坚韧性，还是人体内类固醇激素和维生素D合成的重要原料。所以，想增肌的朋友们可千万别拒绝胆固醇！

单不饱和脂肪酸

脂肪酸按照饱和度的大小可分为饱和脂肪酸（SFA）、单不饱和脂肪酸（MUFA）、多不饱和脂肪酸（PUFA）和反式脂肪酸。饱和脂肪酸、单不饱和脂肪酸和多不饱和脂肪常见于长链脂肪酸。

对于单不饱和脂肪酸，现在有一种非常流行的饮食方法叫地中海饮食法，这种饮食法中最大的特点是食用橄榄油、牛油果和坚果，而这些食材就是单不饱和脂肪酸优秀的提供者。

现在无论从医学界、营养学界和健身界都提倡食用单不饱和脂肪酸，它可以减轻动脉粥样硬化和高血压症状，保护心脑血管，降低低密度脂蛋白胆固醇的水平。从运动的角度来看，我们摄入这些单不饱和脂肪酸同样有很多好处。

众所周知，细胞膜上有脂肪酸，如果摄入单不饱和脂肪酸，细胞膜上的单不饱和脂肪酸就会增加，从而使得胰岛素的“工作效率”提高，促进肌肉的合成和代谢，这对减脂肯定是有利的。

另外，单不饱和脂肪酸还能升高游离睾酮的水平，睾酮对于增肌起到至关重要的作用，它会让肌肉变得更加饱满、漂亮，使减脂效果明显并且没有血脂升高的风险。当然要想使睾酮达到最佳水平，运动必不可少。

多不饱和脂肪酸

多不饱和脂肪酸主要有ω-3和ω-6脂肪酸两种。它们主要参与免疫系统信号交流，影响血脂水平。这两种脂肪酸之所以被大家推崇，就是因为科学家研究发现，这两种物质不能通过自身合成，必须靠“进口”。

已有研究表明，ω-3脂肪酸能预防高血压、心脏病甚至肠癌等疾病的发生，尤其在运动方面，它能够在代谢中抑制体脂的合成，虽然还没有证据证明它能促进脂肪的快速分解，但它能提高胰岛素的敏感性，延缓炎症的发作，促进体力恢复。

而ω-6脂肪酸，可以通过从玉米油、花生油中摄入，一般人体不缺乏，相反ω-6脂肪酸吃多了反而会降低高密度脂蛋白胆固醇（“好”胆固醇），从而使血脂升高。

研究证实，ω-3脂肪酸主要存在于深海鱼、亚麻籽油、核桃、夏威夷果、有机奶酪等食物中。这些地中海饮食的流行，使得那些在海边长大的人较为长寿，可能就是因为摄入了大量的ω-3脂肪酸的缘故。

需要强调的是，脂肪到底摄入多少为宜，一般来说，每日脂肪的摄入量占一天饮食的25%左右即可。脂肪选择的优先顺序为亚麻籽油、深海鱼、橄榄油、牛油果、坚果及其他植物油和动物油脂等。

此外，脂肪对于性激素水平的影响至关重要：一是性激素在形成时需要脂肪的参与和代谢，如果人体必需脂肪酸摄入过低，那么性激素合成量会减少，尤其对于女性来说，在减脂期间严格控制脂肪的摄入，减脂效果虽然明显，但有可能出现月经不调，这就是雌激素水平降低导致的，所以建议女性如果没有什么特殊要求，可以按照上述方法摄入脂肪，将自己的体脂率保持在25%左右，此时雌激素比例最佳，既可以延缓衰老，又能降低患乳腺癌的风险。

对于男性而言，如果摄入脂肪少，睾酮含量就会降低，影响增肌，当然也不能摄入太多，否则体脂肪增加，雌激素水平升高，同时还会抑制睾酮分泌，影响生活质量。

饱和脂肪酸

饱和脂肪酸是日常饮食中最常见的一种长链脂肪酸，主要存在于大多动物性脂肪中，如奶油、黄油、猪油、羊油、牛油、可可脂等。一般医学界认为，这类脂肪对人体健康是不利的，与心脑血管疾病、糖尿病等有关，但新近研究成果发现，只有大量摄入饱和脂肪酸，加上不运动和热量盈余才可能导致相关健康问题，如果这三者都不存在，吃这类脂肪可能还有利于人体的合成代谢。

这类脂肪酸其实对激素的调节有很大的好处，尤其是性激素方面，若饱和脂肪酸摄入过少会使性激素水平下降，有的甚至下降20%，这会严重影响性生活质量和增肌效果。所以为了健康，减脂期间低脂饮食时千万不要完全杜绝饱和脂肪酸。

所谓低脂饮食是指脂肪摄入的热量至少占到全天总热量的25%以上，如果要增肌，可以把这个比例提升至30%~35%。这里的脂肪摄入包含所有类型的脂肪，不单单是饱和脂肪。

中链脂肪酸和短链脂肪酸

短链脂肪酸，顾名思义，其分子中碳原子少于6个，溶于水，可直接进入血液进行供能，不会积累脂肪，牛奶中含有少量短链脂肪酸。

中链脂肪酸的链长比短链脂肪酸长一点，也溶于水，是一种不能被充分利用的脂肪，它会在体内直接燃烧，不会被存储，也是很好的能量来源，能被迅速消化，直接供能。这种物质也存在于牛奶中，还有一些健身补剂中应用的也是中链脂肪酸，备受健身爱好者青睐，甚至可作为碳水化合物的代替品来减脂。

但是我们并不能把减肥“重任”寄托在某一种保健食品上，应合理膳食，科学减肥。

5 维生素与矿物质

营养素包括宏量营养素（碳水化合物、脂肪、蛋白质和水）以及微量营养素（维生素和矿物质）。前者因为含量大，我们已经对它们做了非常细致的探讨，足够引起我们的重视，而后者因其量少很容易被忽略，但实际上后者在促进健康、提高代谢速率和活性、转运体内生化物质、恢复身体功能等方面都发挥着重要的生物效应。

维生素A

它的主要作用是维持视觉，主要存在于奶制品和动物肝脏中，而*β*胡萝卜素是维生素A生成的前体，它主要存在于黄橙色蔬菜当中。根据一些文献调研显示，运动人群的维生素A通常不会缺乏，甚至摄入已经超过了膳食营养素参考摄入量的推荐量，但是当今时代，人们的生活习惯就是熬夜刷手机，为此很多人患上了飞蚊症和眼睛疼痛或干涩，甚至有的已经患上了眼部疾病，如因角膜和结膜上皮组织褪变，泪液分泌减少而形成干眼病，如果进一步发展，可以形成角膜软化和角膜溃疡甚至是比托（Bitor）斑，因此我更倾向通过补剂来进行额外补充，毕竟动物内脏和黄橙色蔬菜中的维生素A含量有限。

维生素C

维生素C极易溶于水，其生理作用包括帮助铁元素在身体中储存、清除自由基、抗氧化，同时还可以防止其他维生素（如维生素A、维生素E）以及一些不饱和脂肪酸的氧化。维生素C还参与激素的合成，影响胶原的合成，并对胆固醇的代谢具有积极的作用。缺乏维生素C会造成出血，以及影响以上生理功能。

对于健身人群来说，尤其要注意维生素C的补充，一般每天需要摄入60毫克，注意维生素C不能摄入过量，摄入过量会产生痉挛、腹泻、铁中毒，甚至导致肾脏疾病，如肾结石等。

维生素C广泛存在于各类蔬果当中，苋菜、青菜、菠菜、韭菜、橙子、柚子、橘子、猕猴桃和大枣等食物中的维生素C含量比较丰富，然而维生素C比较容易受到环境的影响而被破坏，因此在购买蔬菜水果时一定要选择新鲜的，否则在日照和长期储存的条件下，维生素C就会流失，另外烹调过程中一定不能深加工，这样也会加速维生素C的流失。

维生素D

维生素D主要存在于鱼肝油中，它是钙和磷代谢中不可缺少的物质，晒太阳就能补充，原理是紫外线可以激活身体的维生素D产生来源（7-脱氢胆固醇），人的皮肤和脂肪中就含有这种物质，经过紫外线照射后可以生成维生素D_3，然后被运往身体的各个器官。

维生素D在体内的作用方式与类固醇激素相同，因此维生素D更像一种激素，它的代谢对骨骼非常重要，可以与甲状腺素一起预防骨质疏松等疾病，承担着维持身体血钙平衡的重要角色。此外，维生素D还能防止氨基酸的流失，减少肌肉流失。当缺少维生素D时，尿中的氨基排泄量会增加。

维生素D和运动表现呈现正相关关系，当体内维生素D水平较低时，运动表现就会变差，而如果体内维生素D充足时，此时的运动表现也会提升。对于健身者而言，如果想要获得高质量的训练水平，需要保证体内维生素D充足。

对于成年健身者而言，每天摄入5微克维生素D即可满足身体需要。一般来讲，维生素D通过照射紫外线的方式即可获得，无需通过膳食来补充，但如果因为工作和学习的活动范围基本上只在室内，平时很少接触阳光，那么就必须考虑通过饮食或补剂来补充维生素D了。

富含维生素D的食物有很多，主要为动物肝脏、鱼肝油、禽蛋、奶制品等，尤其是一些水产品，如金枪鱼、鲑鱼、大马哈鱼、牡蛎等，平时我们应注意多食用这些食物，一般情况下就不会缺乏维生素D。

维生素B_2、维生素B_6

维生素B_2在线粒体电子传递链中作为辅酶，辅助参与生成一些能源物质（如ATP），可为健身人群肌肉发力提供能源。

因为维生素B_2广泛存在于碳水化合物、蛋白质和一些蔬菜中，所以一般人群通常不会缺乏维生素B_2，但是随着健身训练强度的增加，身体对维生素B_2的需求也在不断增加，即随着ATP的消耗，维生素B_2也在消耗，在运动过程中，身体的维生素B_2水平就会缓慢下降。健身爱好者，尤其是每天都训练的人群，要额外注意维生素B_2的补充。

维生素B_2除了在碳水化合物、蛋白质中广泛存在外，也可从牛奶、鹌鹑蛋、燕麦、瘦牛肉、酸奶和蛋白粉中补充。

维生素B_6以3种形式存在于食物中，进入体内后，经过消化酶的处理被小肠吸收，然后通过红细胞运输，经过体内代谢后，由尿液排出。维生素B_6是很多酶的辅酶，共同参与蛋白质更新、细胞增殖、免疫反应和神经调节活动。缺乏维生素B_6可以导致免疫力下降、肌肉合成变慢、反应迟钝、贫血、失眠、长痘痘和脾气暴躁等。

健身人群的活动代谢相比普通人群要高，因此维生素B_6的需求量也相对增高。

维生素B_6广泛存在于蔬菜、水果、坚果、谷物和肉类中，如鸡肉、鱼肉、动物内脏、燕麦、小麦麸、麦芽、豌豆、大豆、花生、胡桃、榛子、香蕉、哈密瓜、龙眼、甜瓜、枇杷等。因健身人群饮食控制严格，尤其是减脂期，有人将热量缺口定得很高，食物有时无法满足身体需求，因此要格外注意维生素B_6的补充，可以通过补剂的形式进行补充。

烟酸（维生素PP）

烟酸也称维生素PP。食物中的烟酸均以烟酰胺腺嘌呤二核苷酸（NAD）和烟酰胺腺嘌呤二核苷酸磷酸（NADP）的形式存在，这种物质是宏量营养素碳水化合物、蛋白质和脂肪分解产生ATP过程中的电子载体，因此被认为是能量代谢过程中的必需物质。烟酸的主要来源是动物肝脏、麦芽、鱼肉、禽蛋和坚果。我们身体自身也能够合成少量的烟酸。缺乏烟酸的主要症状有口腔溃疡、腹泻和精神萎靡，但是过量摄入烟酸也会在一定程度上影响脂肪的消耗，这对健身爱好者来讲并不是什么好消息。但是经常精神萎靡、抑郁的人群，可以考虑适当地补充些烟酸，对改善心情有很大的帮助。

钠与钾

钠与钾是一种细胞外的阳离子，用来保持体液平衡、酸碱平衡和维持神经功能，调节神经到肌肉间的信号传递，同时参与肌肉细胞中的能量利用和ATP的产生，与钠和氯化物一起负责细胞和外部体液环境之间的营养物质和废弃物交换。钠与钾主要存在于水果、蔬菜、奶制品和肉类中。夏天，营养专家会推荐我们多吃苦瓜，因为苦瓜含钾量很高，钾在人体内的主要作用是维持酸碱平衡，参与能量代谢以及维持神经肌肉的正常功能。健身者应该注意钠与钾元素的补充。

钙

钙是人体内含量较高的无机盐，它与健身人员的运动能力息息相关。 钙不仅是构成骨骼的重要物质，而且在调节神经传导、维持血压、肌肉收缩和调节各种激素方面也发挥着重要作用。游离钙占体内总钙的1%，当钙摄入量不足时，骨骼会自动分解，释放钙至血液中，在运动过程中，钙离子会随着汗液和尿液排出体外，因此要及时补充钙，以恢复身体钙库的水平。

由于钙与肌肉收缩和细胞内信号传导的关系十分密切，所以钙对运动影响很大，缺钙容易引起抽搐和骨质疏松。

很多人补钙有个误区，认为只要摄入钙就行了，实际上为了改善身体缺钙的情况，尤其是骨质疏松的状况，除了摄入钙之外，还应配合相应的运动，运动可以显著提高钙的利用和吸收。减脂期要额外注意钙的补充，因为膳食控制很容易导致钙摄入不足。需要注意的是，钙并不是吃的越多越好，而且额外通过补充剂补充的时间也不是越长越好，钙摄入量太多，会产生肾结石等风险，并且影响铁、磷、镁和锌等元素的吸收。

钙的主要食物来源是奶类和奶制品及虾皮等。

铁

铁的生理功能主要是与血红蛋白和肌红蛋白相结合，参与代谢，对呼吸、免疫和造血功能具有非常重要的作用。铁在膳食中以血红素铁和非血红素铁两种形式存在，而后者占膳食的大多数，吸收率却很低。正常成年人，食物中的铁只有5%左右可以被人体吸收，其中女性对铁的吸收能力要比男性强。而缺铁者从膳食中吸收铁的效率较正常人群明显增高。

人体内有200~1500毫克的铁，60%存在于骨髓和肝脏中，其余存储在肌肉和脾脏中。作为健身人群，尤其是增肌人群，应该注意铁的补充，因为肌肉在生长过程中，对铁元素的需求量较大。

铁的食物来源有很多，如猪肝、红肉、豆制品、蘑菇、木耳、海带等，也可以选用一些铁补剂直接补充。值得提醒的是，补铁时最好配合维生素C一起服用，这样铁的吸收效率会更高。有些食物中含有多酚类物质（如咖啡、瓜子、茶、苹果等）和肌醇六磷酸（如燕麦、玉米等），这些物质会抑制铁的吸收，若和维生素C一起食用，维生素C可以对抗这些物质的干扰，从而促进铁的吸收。

锌

锌元素主要存在于肌肉和骨骼中，在身体的代谢中担任极其重要的角色。锌的生理功能与健身者关注的增肌非常相关，可以促进肌肉修复和生长、保护皮肤健康、提高免疫力以及促进食欲和性欲等。

很多研究表明，锌元素与肌肉的运动表现息息相关，缺乏锌元素可能导致运动能力下降。锌对激素的调节有重要意义，比如，锌对胰岛素的释放有调节作用，参与前列腺素的主动分泌，对睾酮和肾上腺皮质醇的生成和分泌也有调节作用。

锌的最佳食物来源有红肉和水产品，如牛肉、牡蛎等。通常健身者在增肌的过程中会十分重视蛋白质的摄入，而锌元素常伴随着这些蛋白质共生，所以此时锌并不会缺乏；但在减脂的过程中，由于健身者控制了食物的摄入，有可能造成锌元素的匮乏。注意补锌时需配合维生素D、乳糖一起补充，吸收效果会更好。

PART 2

减脂营养问答：苗条的秘密

你体会过营养素给你带来的快感吗？营养是你与自己“对话”最直接的工具，减脂不仅仅是为了身材，更重要的是体会食物带来的快感！有人说，食物的快乐谁不知道呢？我说的快乐不是入口后当下味蕾的满足，而是营养素进入人体代谢后对肌肉组织和内脏及神经产生的快感。

怎么体会营养素带给身体的快感呢？这需要合理科学的饮食结构、食材选择、摄入量和进食频率。下面正式开始我们的减脂营养问答之旅，看完之后也许你就能发现营养素让你快乐的秘密。

1 减脂期推荐食物清单

众所周知，减脂是为了制造热量缺口，一方面可以通过运动消耗，另一方面则要减少热量摄入，因此我们就要选择那些饱腹感强、热量密度低的食物。这样才能在确保少摄入的同时，不至于因饥饿导致减脂难以坚持甚至最终暴饮暴食而功亏一篑。

表2-1精选了五大类食材，选择它们的主要依据是耳熟能详的“地中海饮食法”，我们对这些食材的能量、营养素以及易获得性和经济性做了综合考量，作为大家减脂期食材选择的参考。

表2-1　地中海饮食法中常见的五大类食材

第一类	第二类	第三类	第四类	第五类
蘑菇	苹果	红豆	土豆	鸡蛋
西芹	橘子	扁豆	莲藕	鸡胸肉
绿叶菜	香蕉	豌豆	南瓜	深海鱼
西红柿	猕猴桃	豆腐	燕麦	牛奶
黄瓜	杏		玉米	杏仁
胡萝卜	蓝莓			核桃
西兰花	火龙果			榛子

第一类

主要以蔬菜为主，低热量，富含维生素和纤维素，其特征是体积大，能量密度低。一天要吃多少不限量。饿了首先想到要吃一份第一类中的蔬菜。如果按照此要求，减脂效果一定十分显著。第一类的食材热量不计入一天总摄入热量中。

第二类

主要以水果为主，这些水果的热量也不高，同样富含维生素和纤维素，但是其热量比第一类食材要高，建议在运动前后吃，但热量需要计入一天总热量中。

第三类

主要是豆类，这类食材作为减脂时的蛋白质和碳水化合物来源摄入，有着比例优质的维生素和矿物质，如果我们对自己要求比较严格，那么也可以将该类作为主要的碳水化合物来源。把这一类食物单独列出来的主要原因是它们有很强的饱腹感和消除水肿的作用。热量需要计入一天总摄入热量中。此外，该类食材也是素食主义者蛋白质摄入的主要来源。

第四类

主要为碳水化合物，其中土豆作为碳水化合物的最优质来源，其血糖生成指数（GI）或血糖负荷（GL）值较低，饱腹感强，更重要的是如果它能配合蛋白质摄入会发挥更有效的生物价。这类食材要严格控制，根据个人情况吃够即可。热量需要计入一天总摄入热量中。本类食材摄入最好安排在运动前后。

第五类

主要为蛋白质和脂肪，这类食材富含高蛋白和优质不饱和脂肪酸 ω-3。要严格控制其摄入量，依据个人蛋白质和脂肪需求计划摄入，量够即可，绝不可多食。热量需要计入一天总摄入热量中。本类食材摄入最好安排在早上和运动后。

总之，首先要严格把控第四、第五类的食材摄入量，适当摄入第二和第三类的食材量，饥饿时优先从第一类中选择食材补充。如果你能对自己更严格，可以把第二、第三类的食材作为第四类的代替品，减脂效果会更好。

2 节食和运动哪种方式减脂更有效

制造热量缺口，是减脂的铁律，但是怎么设定热量缺口让大家产生了困惑，比如有人说：“假设一个人的基础代谢是1200千卡（1千卡=4.18千焦），设定300千卡缺口：一种方式是每天摄入900千卡，基本没运动；另一种方式是摄入1200千卡，健身消耗300千卡。以上哪一种方式减脂效果好？或者说区别是什么？

结论一

如果采取的运动方式是单纯的有氧运动，上面两种减脂方法的效果几乎没有任何区别。前者其实是节食，会降低基础代谢。后者同样在降低基础代谢，也就是说只要有热量缺口，在能量亏损的环境中，基础代谢就会降低。

那么健身者们怎么能做到减脂不减肌呢？自然状态下，出现这种情况的是少之又少。众所周知，我们减脂的目的是为了改善身体中的某些成分，其目的是尽可能多地减少脂肪而不是肌肉，所以在设定了热量缺口后，可以通过力量训练来对抗肌肉流失。

结论二

在同样热量缺口的前提下，减脂时增加力量训练，即便是在热量亏损的环境下，只要我们的蛋白质摄入比例合理，肌肉就可以最大限度地保留。

如果在减脂计划中没有力量训练，利用前面提到的两种方法制造热量缺口均可，并没有本质区别。如果添加系统的力量训练，两者将变得不一样，但前提是必须摄入合理比例的蛋白质。

3 减脂期如何设定热量缺口

基础代谢率（BMR）是指人体在清醒而又极端安静的状态下，不受肌肉活动、环境温度、食物及精神紧张等影响时的能量代谢率。

基础代谢率通过实际测量最准确，但是为了方便，研究者发明了很多计算公式，已知的基础代谢率计算公式多达248个，其中最适合中国人的计算公式是Singapore公式，准确率可以达到78%。基础代谢率的计算公式如下（单位为kcal/d）。

男性基础代谢率 $=12.6W+666$

女性基础代谢率 $=12.6W+468.2$

另外，我国学者还提出了2种计算公式，专门针对中国人的基础代谢率计算：Liu公式和Yang公式，准确率相对较高。

Liu公式：基础代谢率（kcal/d）$=13.88W+4.16H-3.43A-122.4S+54.34$，

Yang公式：男性基础代谢率（kcal/d）$=277+89W+600$

女性基础代谢率（kcal/d）$=277+89W$

式中，W为体重（kg）；H为身高（cm）；A为年龄（岁）；S为性别（1为女性，0为男性）。

以上公式适用范围为18岁以上的成人。

计算完基础代谢率后，加上活动代谢消耗就可得到每日热量需求，只需要用BMR乘以活动系数即可，活动系数见表2-2。

表2-2 体力活动系数表

活动强度	活动示例	强度系数
极轻体力	睡觉、静坐、学习	1
轻体力	家务、散步等	1.2
中等体力	健身、网球、跑步、跳舞	1.8
重体力	重体力劳动、对抗激烈的运动如足球、篮球等，马拉松、爬山等	2

热量缺口的设定

（1）设定热量缺口范围：根据热量平衡公式，只要每日的热量摄入比所消耗的少，那么体脂就会燃烧，体重自然会下降，因此这个热量缺口可以随意设定，想快速减脂就设定得大一些，想稳扎稳打就设定得小一些，但是不同缺口导致的副作用必须要了解。

有的人对自己要求比较高，设定1000千卡的热量缺口，如此低的热量预算其实有点严苛了，因为这么低的热量可能根本无法支持正常生活和训练所需，所以这个缺口一定要定得合情合理，一般推荐设定范围在300~500千卡。这样的热量缺口才不至于产生过度的痛苦而无法坚持。

（2）热量缺口为100~200千卡时，减脂虽然缓慢，但是不会出现特别强烈的饥饿感，易于坚持。

（3）热量缺口为300~500千卡时，出现较为强烈的饥饿感，这个时候如果通过饮食比例调整，摄入大量膳食纤维和蔬菜，还是能够坚持一段时间的。

（4）热量缺口为500~1000千卡时，减脂效果快，适用于短期冲击减脂，但饥饿感猛烈，容易导致心态出现问题而暴饮暴食。因此，制造热量缺口太大不宜过久。

我们还可以尝试减脂缺口循环法让减脂更有效。所谓减脂缺口循环法，即每日的热量缺口不一样，休息日热量缺口小一些，而运动日热量缺口相应大一些，如此确保减脂的高效和安全。

更重要的是，这个热量缺口该用什么营养素来调节？答案是脂肪。

当我们根据自身体重和实际情况设定好碳水化合物和蛋白质摄入的热量时，剩下的热量就用脂肪来调节，随意而轻松，这也是减脂时的一个重要技巧。

4 减脂期怎么吃碳水化合物

碳水化合物包括单糖、双糖、低聚糖、多糖，其中葡萄糖能够在身体中合成糖原，当机体需要葡萄糖时，糖原可以分解生成葡萄糖，并释放ATP，为身体提供能量，是人类必需的宏量营养素，通常我们吃的糖、面包、蛋糕、米饭、白面等主食就是由碳水化合物组成的。人类只靠吃碳水化合物就可维持生命，而且现代社会碳水化合物获得极其容易和经济。

减脂到底和碳水化合物有什么关系？很多人看到胖一点的人，认为他们肯定爱吃肉，其实未必，也许是碳水化合物摄入过多。碳水化合物转化成肝糖原和肌糖原时，会引起胰岛素的分泌，胰岛素有两方面作用：一是将多余的糖原搬运成脂肪，二是帮助蛋白质合成肌肉，所以碳水化合物是把双刃剑。

弄清楚碳水化合物和脂肪的关系后，我们再来了解下血糖生成指数（GI值）和血糖负荷（GL值）概念。GI值简单理解就是碳水化合物到达血液中的速度，这个值越高越容易刺激胰岛素的分泌，反之就会少刺激胰岛素分泌，GL值是一个负荷也就是量的概念，即便是低GI值碳水化合物吃多了也会血糖上升引起胰岛素分泌，所以GL才是关键。那么碳水化合物到底该怎么吃？什么时候吃？

减脂实际就是要消耗脂肪，当身体胰岛素分泌水平低时，脂肪才能被消耗，而碳水化合物恰恰是开关，这就是阿特金斯减脂法的原理，严格控制碳水化合物摄入，充分让脂肪生酮供能。但是我们也不能为了减肥不吃碳水化合物，否则会导致身体功能下降、肌肉流失、精神沮丧及免疫力低下。所以这个开关要把控好，精细操控体内的胰岛素。

首先减脂要选用低GI和GL的碳水化合物，个人偏向用低GL更为准确些，这种碳水化合物不会让体内的胰岛素分泌过多还可以有效维持身体代谢平衡，比如燕麦、全麦、糙米、红薯、藜麦、山药等都是很好的选择。之所以选择低GL碳水化合物，是因为它们富含膳食纤维，而膳食纤维是无法转化成血糖的。一日三餐的碳水化合物需要根据代谢运动公式进行计算然后设定热量缺口，再将碳水化合物的量分配到各餐中。

同时碳水化合物在一天中的摄入时间也是有讲究的：一是在早上，因为这时候体内的胰岛素最不敏感，多吃点碳水化合物不容易转成脂肪；二是在运动前半小时，碳水化合物转化成的血糖很快就能在运动中被消耗掉，并且能提高运动表现；三是运动后的半小时至一小时内补充碳水化合物可以帮助优先加速合成肌肉而非形成脂肪，其余时间不再摄入碳水化合物，如果我们减脂时能这么做，效果会很棒！

5 为什么吃了那么多低 GI 食品，却依然不瘦

GI即“Glycemic Index”，是指血糖生成指数，几乎每一个健身的人都知道要吃低GI食物，因为其血糖生成指数低，进而可以少动用胰岛素，从而减少脂肪的积累。一般来说，GI＜55，为低GI食物；55≤GI≤70，为中GI食物；GI＞70，为高GI食物。

低GI食物不等于低热量食物，更不等于健康食物，比如可乐、薯片的GI值都不算高，但我们不能多吃，所以不是GI值越低就能随便吃，这里还要考虑低GI食物的摄入量、加工方式和食物是否能够带来饱腹感。为了让大家在减肥和获得健康的道路上能够事半功倍，下面给出几条有关低GI值食物的建议，供大家参考。

① 选择食物时，尤其是碳水化合物类食物时一定要考虑GI值，一般选择中GI值以下的食材。

② 锁定要吃的食材后，记住加工工序越多，其GI值会越高；食物颗粒越小，GI值就越高，比如燕麦片磨成燕麦粉，GI值就会变高；果汁就比水果GI值高。

③ 同样的食物，口感越差、越生、越冷的食物，GI值较低。

④ 学会用复合食材降低GI值，比如做馒头时里面加一些玉米粉，蒸米饭时里面加些糙米。

⑤ 如果目前已采用低碳饮食法，可以先忽略GI值，只有当摄入的碳水化合物的量占每日宏量营养素55%以上时，才需要考虑食物GI值。

6 摄入碳水化合物超量怎么补救

当我们一次吃了很多碳水化合物时，有两种方法能够补救，可以降低碳水化合物进入血液中的速度，从而降低脂肪积累的风险。

方法一

喝碳水化合物阻断剂。其原理是抑制碳水化合物消化酶的作用，从而抑制碳水化合物的吸收，大部分产品的成分是白芸豆提取物，可以到正规门店选择一些大品牌购买。阻断剂确实有效，虽然产品上宣称没有任何副作用，是纯天然提取物，但它终究只是一种补救措施，不建议长期服用。

方法二

碳水化合物混合摄入法。如果我们实在抵御不了高GI碳水化合物食物的诱惑，可以少吃点，然后选择搭配膳食纤维含量高的碳水化合物一起进食，比如魔芋，这样的混搭可以降低碳水化合物进入血液的速度，从而降低脂肪积累的风险。

不管如何，以上两种方法只是对超量摄入碳水化合物采取的补救方法，要想真正有效地控制体重，最根本的方法还是要严格控制饮食。自律永远比补救更有效！

7 早餐只吃主食可以吗

你有没有这种经历——早餐只吃了碳水化合物（尤其是北方的一些早餐，几乎都是碳水化合物），这种吃法对吗？肯定不对，这也许会让你变得更胖，原因如下。

碳水化合物单独摄入会迅速进入血液，快速发生胰岛反应，血糖会像“过山车”一样，几个小时后人就会感到无精打采，并且会更加饥饿，让你食欲更旺盛，增加过度进食的风险。这也许不算什么，顶多结果就是胖一点，但对细胞而言，其承受的压力是巨大的，这相当于让细胞来了一次剧烈的“撞击”。而更麻烦的是，激素的反应也更加激烈，会让胰岛素和肾上腺素过度工作，精疲力尽，严重影响胶原蛋白再合成和免疫系统功能，过快获得退化性疾病。

这该怎么办呢？ 我们的解决对策：早餐一定要吃合理比例的宏量营养素，碳水化合物、蛋白质和脂肪，虽然热量摄入更多了，但可以平衡血糖的升高速度，同时消化这些食物也需要消耗更多的能量，反而不容易积累脂肪，促进身体健康。

身体就是这么神奇，它不是简单的能量输入和输出，需要科学地对待，所以减脂是个技术活，对营养的透彻理解与应用更是一门综合“手艺”，减得又快又健康还真是挺不容易的，稍有不慎，可能功亏一篑。

8 减脂早餐选什么碳水化合物

减脂是件并不容易的事情，尤其是对于减脂早餐选什么样的碳水化合物，一般健身教练推荐的菜单中大部分都是低GI碳水化合物，比如燕麦、全麦面包等，很多都是以西式饮食为主，可有人反映，这些碳水化合物吃一段时间后，人特别反感减脂，反而更容易暴食了。

西式早餐有其好处，做法简单、健康，容易控制能量摄入，但它并不太符合我们中国人的饮食习惯，毕竟我们还是以粥、包子、油条、面条为主食，这种根深蒂固的习惯很难一下子改变，身体肯定不适应。

针对这种情况，我推荐三款中式早餐粥，作为减脂人士的碳水化合物来源，这三款粥的特点是GL值和能量不高、能量密度合适，容易饱腹，作为早餐再合适不过，尤其是冬天，早餐喝这样一碗粥，胃里暖暖的，舒服极了。

第一款　大枣银耳粥

做法：大米300克、红枣50克、银耳25克，莲子、枸杞随意加入，熬制而成，非常适合女性经期食用（2~3人用）。

第二款　五豆糙米粥

做法：糙米50克、黑豆、红豆、绿豆、豌豆、大豆各10克，提前泡一晚，放到电饭煲中熬制（2~3人用）。纤维含量丰富，有助于润肠通便。

第三款　山药芝麻粥

做法：大米100克、山药100克切丁、牛奶200毫升电饭煲熬制，撒上熟黑芝麻50克（2~3人用）。这个搭配是碳水化合物、蛋白质和脂肪的组合，营养全面，能量值也不算高。

9 摄入果糖会长胖吗

众所周知，经常健身的人要吃低GI的碳水化合物，其中一种物质——果糖进入我们的视野，因为它几乎不会影响胰岛素的分泌，所以理论上讲，这种碳水化合物在减脂时是首选。果糖分布广泛，主要存在于蜂蜜和一些水果中。

那么我们就可以肆无忌惮地吃果糖了吗？当然，事情没有想象得那么简单。研究显示，大量摄入果糖会导致脂肪肝和体重上升，同时会干扰肝脏正常的蛋白质代谢。更恐怖的是，果糖根本不需要通过胰岛素的作用形成脂肪，而是直接促进脂肪形成。

所以减脂期大规模利用果糖作为碳水化合物摄入来源是具有一定风险的，不仅不会减肥反而会发胖。

经典的反面案例：喝果汁减肥法，不仅要忍着饥饿，可悲哀的是，最后发现体重和体脂还没降下来。

下面给出果糖摄入的建议：

摄入量　果糖不能摄入过量，减肥期间摄入50克以内纯果糖，对身体没有不利影响。

摄入形式　选择一些水果作为果糖的主要摄入来源，而不是蜂蜜或人工提取纯果糖，推荐水果有蓝莓、草莓、猕猴桃等。但记住要吃水果而不是果汁，水果的天然载体不要轻易抛掉。

摄入时间　果糖的摄入选择在两个时间段食用，即运动前后半个小时。在总摄入量控制的情况下，我们可以恣意享受果糖给我们带来的愉悦感。此时果糖进入肠道后，会被转换为葡萄糖和肝糖原，被身体利用构建肌肉组织和恢复体力，促进身体健康。

所以我们在减脂时，应控制好果糖的摄入量，使你既可以享受果糖带来的愉悦感，又能让果糖发挥其功效，不仅减得轻松，还保留了生活品质。

10 减脂期吃了一顿甜食大餐后如何挽救

首先，要判断当天吃完一顿甜食大餐后，全天热量摄入是否超标，如果没有，则不必担心，不会增加脂肪，如果超标请按照如下方法操作，可以最大限度地挽救你的减肥效果。

甜食通常是由高GI碳水化合物和高脂肪构成，脂肪中含有很多饱和脂肪酸，这是减肥的禁忌，但是当我们摄入食物后，这些营养成分并不能立即转换成脂肪，需要一定时间才能将这些多余的热量变成脂肪。

而这个时间就是窗口期，碳水化合物会促进胰岛素分泌，所以肯定会抑制脂肪的消耗，我们可以通过力量训练与耐力运动相结合的方式将这些营养元素消耗掉。

吃完甜食大餐的1小时后做力量训练有个好处，此时肌肉的能量充足，运动表现会提高，且高脂肪会促进睾酮分泌，利于肌肉增长，所以这个时候是塑造身体曲线最理想的时刻，力量训练过后马上进入有氧训练，让这一餐变成你的增肌减脂餐。

如果你是在晚上吃完的这一餐，在窗口期无法选择运动，晚上可以散散步，然后第二天采用空腹有氧法运动，进行自我“救赎”。

之后再恢复正常的减脂“长征”中，取得明显成绩时可以奖励自己吃一次甜食的机会。

总之，偶尔一次甜食或“垃圾”食品不会对你的减脂有太大的影响，只要你的饮食大方向是对的，真的不必太过惊慌。

11 过节期间贪吃该怎么预防

我们都有这样的感受：一旦过节放假就意味着规律的饮食大概率会被打破，本来追求美好身材的过程甚是不易，在假期这个放松的环境下，变得更加变本加厉。各种美食以聚会之名都在撒欢儿地诱惑着你。

“美食我所欲也，身材亦我所欲也”，二者不可兼得。

你若做不到规律饮食，请用如下“妙计”。

第一计 在吃节日大餐前，可以预先喝一杯蛋白粉奶昔，这能使你有饱腹感而且还很影响食欲，可避免吃得过多，再喝点谷氨酰胺也可以。

第二计 如果真吃多了，请按如下步骤操作。

① 多喝水，一天要喝2升水，预防水肿。

② 餐后2小时赶紧去健身、有氧运动1小时，尽量多消耗吃下去的热量。

③ 若①和②都没时间做，可以采用泡澡的方式（低血糖、高血压、心脏病者慎用），目的是激活身体毛细血管辅助增强代谢能力。

④ 若以上都没做到，请第二天早上进行空腹有氧运动。

这样在节日里就能安心地与家人、朋友、同学以及爱人一起开心聚餐，享受当下！

12 米饭如何吃更减肥

米饭作为健身者常选碳水化合物之一，吃它变成了自然而然的事情，可是你知道让它增肌不增脂的秘笈吗？这里有几个技巧，用好了你就比别人吃得多还减得快。

（1）吃凉米饭 经常健身的朋友或多或少会听过抗性淀粉这个概念。抗性淀粉对于想控制体脂的人来说是个非常好的消息，抗性淀粉在人体内不容易分解，所以吃下去消化就比较慢，升糖指数（即血糖生成指数）自然就降低了，升糖指数低，胰岛素分泌就少，从而脂肪积累的概率就小。所以抗性淀粉对于减脂的人们很有帮助。

吃凉的米饭、馒头、面条和面包会增加食物当中的抗性淀粉，有利于减脂。可是凉米饭毕竟不符合中国人饮食习惯，有时候吃得肠胃不舒服，再加上凉米饭无论在冰箱还是常温中放置时间久了都会产生细菌污染，吃起来也不卫生，这些需要健身者多加注意。

（2）将白米饭替换为糙米或者掺杂其他米食用 白米饭在减脂上依然不如糙米和杂米，后者的升糖指数更低，黑米、紫米、糙米、小米、红豆、绿豆、豌豆和莲子等都可以与白米饭一起蒸食，会显著增加减脂效果，同时因其富含纤维，对于肠道有诸多好处，可以防止便秘。

（3）吃硬米 无论健身的男性还是女性，都建议吃硬米，因为米越软，其升糖指数会更高，消化速度会更快，这对于一个健身者来说是不能接受的，若想既控制体脂又享受饮食，米饭还是做得硬一些较好。米饭也不要反复加热，反复加热也会导致米饭软烂，所以凉米饭还是很好的选择。

（4）拒绝炒饭 炒饭虽然香，可是里面毕竟又多了很多营养素，比如油脂的增加，会让这一餐热量升高；盐的使用会使米饭中的快速消化淀粉增加，这些对于减脂人士都十分不利。

13 如何让身体里的碳水化合物加速燃烧

减脂期进行力量训练和有氧运动无疑是为了能够早点清空糖原，多动用脂肪酸供能，那么每运动一小时，到底能消耗多少碳水化合物？

大量研究发现，运动时每小时只能消耗60~110克碳水化合物，当然我们很希望能够在单位小时内消耗更多的碳水化合物，早点清空糖原，动用脂肪酸来供能，从而提高减脂效率，不幸的是，绝大多数人每小时消耗的碳水化合物量不会超过60克。因为肠道转运蛋白满载负荷就这么大，那么有什么办法可在单位时间内消耗更多的碳水化合物呢？

方法一

该方法比较复杂，以摄入混合碳水化合物作为我们的燃料！因为不同碳水化合物会由肠道中不同的转运蛋白负责，这样做会极大提升转运蛋白的工作效率，加速碳水化合物的消耗。

方法二

运动前碳水化合物和咖啡一起摄入，这与向汽车添加燃油宝，提高汽油燃烧效率是一个原理，这会将碳水化合物的燃烧效率提升将近三成。

14 注射葡萄糖会长胖吗

在给出答案前，我们先坐时光机回到我们爷爷奶奶还年轻的20世纪60时代，那时国外已有科学家能够检测到人体内胰岛素的变化情况了，并且已经明确糖可以促进胰岛素的分泌，于是有人提出了既然喝糖水能够促进胰岛素分泌，那么通过注射葡萄糖到血液里是不是同样可以促进胰岛素分泌上升？正当科学家们觉得自己的假设可以得到证实时，观察的结果却给了他们当头一棒！

没错，通过直接注射到血液中的葡萄糖让胰岛素上升的水平非常缓慢！

理论上直接注射葡萄糖应该比喝糖水能够更快进入到血液中，那么胰岛素应该上升更迅速才对。

这么重要的现象，科学家当然不会放过，很快有一种叫肠泌酸素的物质被科学家找了出来，原来只有经过消化道的糖进入肠道后，刺激肠道分泌肠泌酸素，肠泌酸素再刺激生成胰岛素。而直接进入血液的葡萄糖绕过了这个路径，自然胰岛素分泌得就少。

所以，本文开头的问题就迎刃而解了，注射葡萄糖让你体力恢复更快而且还不容易长胖，理论上说注射葡萄糖可以增肌不增脂。

15 如何欺骗身体自适应系统

减脂是有惯性的，需要有个起始的推动力，在严格饮食和运动几天后，掏空身体的糖原，才能进入脂肪消耗的通道，但是在消耗一段时间后，身体会自动适应现有饮食和运动模式，进入节能状态，所以这时候需要营养的调节来重启我们的身体，让他继续再进入下一个减脂通道，那么这个营养策略就是著名的碳水化合物循环减脂法。我们总结了诸多碳水化合物循环法后，认为以下的方法效果不错，可供参考。

身体在碳水化合物缺少的3~5日内会迅速调整供能系统，将脂肪作为首要能量，低碳期（低能量摄入）时燃脂效率大大提高，一般达到燃脂极限的时间是5天，记住这个数字！

5天后身体逐渐进入节能状态，因为身体已经发现了饥荒的势头，为了健康不得不节约脂肪，但是我们不给身体调整的机会，这时就要安排高碳（即高能量）摄入。

所以我们可以安排如下饮食来欺骗身体，不激发这种节能模式。

第一天 | 低碳（1.2g/kg体重左右）

第二天 | 低碳（0.8g/kg体重左右）

第三天 | 低碳（1.2g/kg体重左右）

第四天 | 低碳（0.8g/kg体重左右）

第五天 | 低碳（1g/kg体重左右）

第六天 | 高碳（2.5g/kg体重左右）

第七天 | 高碳（2g/kg体重左右）

前四天我们要清空身体糖原，其实在第三天身体就开始大量消耗脂肪，第五天就达到最大化，之所以第六天和第七天安排高碳是因为这时身体会优先将营养素存在肌肉供肌肉利用，等肌肉充满营养时，身体以为能量供应没问题，胰岛素也已经就位，等到第五天开始准备存储脂肪时，我们又开始新一轮清空糖原的动作，身体不得不继续做好动用脂肪的准备。

需要强调的是，低碳期还要多摄入蛋白质和脂肪，因为在减脂的过程中会消耗大量蛋白质和脂肪。

以上方法因人而异，只供参考，其中数据也是经验值，绝对不是标准。

16 配合碳水化合物循环饮食法该如何安排运动

通过对一系列运动知识的总结，我向大家推荐一下配合碳水化合物循环饮食法的运动策略，这套策略将有助于你更快地清空体内糖原，最大限度地延长脂肪消耗和分解，希望减脂人士从中受益。

第一天

低碳日，力量训练主要集中在下半身，重点是腿和臀，每个动作能做到12~15个的重量为宜，采用多动作多组数，力量训练后进行30分钟有氧运动，心率至少为最大心率的70%。这样确保清空下半身糖原储备。

第二天

低碳日，力量训练主要集中在上半身，重点是胸和手臂，每个动作要做到15~20个的重量为宜，这种安排对于女性不会练出太强壮的上肢，而是以塑型为主，然后进行35分钟有氧运动，心率为最大心率的60%~70%，强度不大，但时间长，这时彻底清空了腿部糖原，上半身糖原已经消耗了一半。

第三天

低碳日，理论上，经过2天高强度训练，燃脂效率应该就达到了最大化，但我们不能松懈，继续进行力量训练，将重点放在背部和腹部，重量选择15个左右为宜，之后再一次延长耐力训练，时长45分钟，心率为最大心率的60%~70%，全身糖原将消耗差不多了。

第四天

可不安排力量训练，最后一次延长耐力训练，将有氧时间提升至1小时，心率可以增加到最大心率的80%，选择高强度间歇运动（HIIT）这些运动也非常的合适，如果受不了那就按照第三天的强度进行运动，根据个人情况进行及时调整。

第五天

低强度有氧运动，将心率调到最大心率的60%左右，进行90分钟耐力训练，此时你会感受到身体内的体脂分解非常明显。

第六天

高碳日，全天碳水化合物充足，你要安排大重量，组数少的力量训练，建议围绕腿和臀，重量为8~12个，此时肌肉中营养素充足，同时你的肌肉将会在运动的刺激下得到极致增长。不安排有氧运动。

第七天

高碳日，以高碳水化合物、低脂肪为主，休息，这一天你会过得异常舒服。然后准备迎接下一个周期。

整个周期，你的燃脂效率会大幅度提升，而且减脂效果异常明显。

最后补充一句，以上建议未必适合所有人，请根据个人具体情况或训练计划进行调整。

17 为什么健身前要摄入碳水化合物

健身人士的目的很明确：要么减脂，要么增肌。无论你是哪种健身目的，都要在运动前摄入一些碳水化合物。

增肌的小伙伴们当然乐意这么做，毕竟此时不用太考虑体脂，而减脂的小伙伴们则表示疑惑了，如此辛苦的训练和控制饮食就是为了加大热量缺口，如果运动前吃了碳水化合物，那不就是运动消耗与摄入抵消，岂不是白练了？努力减脂的意义何在？

在高强度训练前，人体需要快速获得三磷酸腺苷（ATP）来产生能量，供给肌肉活动。而如此大量的ATP需求，最佳的供应方式便是糖酵解。

糖酵解是一种快速生产ATP的途径，葡萄糖经糖酵解分解为丙酮酸和ATP。丙酮酸会继续进入线粒体参与的三羧酸循环过程中，继续产生ATP，但是三羧酸循环产生ATP的效率就变得十分慢了。

一般健身的程序是先做力量训练再做有氧运动，在做力量训练时，身体会募集更多的快肌纤维，有很多动作需要竭尽全力多次重复，ATP的储量对于完成以上训练至关重要，此时ATP的供应基本上来自糖酵解，少量来自于三羧酸循环，糖原消耗的速度非常快，如果此时糖原不足，身体会很快出现疲劳，糖原的水平对于单次训练的训练量和训练时间有着直接的影响。运动前优化糖原水平，对于提升运动表现，更深度刺激肌肉撕裂有着至关重要的作用。

大部分健身人的目的就是减脂，并不希望肌肉有多少，有更好的运动表现，如果能快速消耗完糖原，让身体尽快燃烧脂肪不更好吗？这么理解逻辑上是行得通的，但这种训练质量效果会大大降低，身体会快速出现疲劳，此时容易出现低血糖、头晕。中枢神经系统的疲劳也会很快出现，运动意愿下降，反而影响了设定的热量消耗目标，如果长期这样下去，基础代谢不可避免要下降，身体通过损失肌肉的方式来应对碳水化合物匮乏的环境。

更重要的是，在运动前摄入碳水化合物，除了能提升运动表现和运动质量，深度刺激肌肉外，还能提升胰岛素的敏感性，敏感性的增加可以刺激肌肉大量合成，降低肌肉的分解，同时提升葡萄糖的储备，这正是我们要的最终效果——提升瘦体重。

虽然可能从热量平衡的角度讲，你摄入的碳水化合物热量有可能抵消掉你的运动消耗，但此时的碳水化合物是全部参与到身体的使用中，并不会出现脂肪积累的风险，反而因为运动表现提升，肌肉得到足够的刺激和保养，在不知不觉中帮助你改善体成分，逐步接近理想的身材。

减脂的前提是最大程度地保留肌肉和基础代谢，我们要及时响应肌肉的需求，优先保障它的能量供给。运动前0.5~1小时，请大胆摄入碳水化合物，这样做绝对有好处。

最后推荐便携式的碳水化合物，比如运动饮料、能量棒或香蕉等，按照1.2克/千克体重摄入即可。

18 生酮减脂原理是什么

生酮饮食是建立在对胰岛素操控的情况下的一种饮食，通俗点说就是摄入极低的碳水化合物来抑制胰岛素的分泌，而它不分泌就会让甘油三酯水解酶发力，极大地分解体内脂肪。

生酮饮食将脂肪和蛋白质当作膳食营养的全部，可以不用考虑热量缺口，无限制地摄入，碳水化合物几乎全部被剔除，甚至还要求只吃少量不含淀粉的蔬菜。几天后，体内的碳水化合物消耗殆尽之际，身体会进入极大燃烧脂肪的状态，体内充满了肝脏代谢的脂肪碎片——酮体，酮体成为身体的主要能量来源，而那些需要糖原的器官，如大脑和眼睛则通过糖异生分解蛋白质生成糖原供能。这就是所谓的生酮饮食原理。

那么生酮饮食有没有副作用呢？有！

酮体被身体利用还会排出体外，可能会出现尿酮口臭的症状。其实生酮饮食本来是用来治病的，治疗对象是某类癫痫病患者、病态型肥胖者、糖尿病患者和严重脂肪肝患者等，在使用之前也必须遵照医嘱。

普通人群不要轻易尝试生酮饮食，操作不当很容易对健康产生危害。

危害一

误认为吃脂肪就可以消耗脂肪，实际上我们减脂的目的是提高身体脂肪分解，而不是提供外部脂肪酮体，脂肪吃太多，外源性酮体会占据主导地位从而抑制身体自身脂肪的代谢，最后还得通过热量缺口来减脂。

危害二

对甲状腺素产生压力，特别是甲状腺素T3，T3有很多生理功能，其中一个主要作用是促进脂肪酸氧化，如此大范围地消耗脂肪，T3的压力可想而知。有研究提到生酮时甲状腺素T4会明显提高，而T4会随时转变成T3来应对酮体泛滥的身体，这就为甲状腺发病埋下隐患，有的人食用后出现了甲状腺功能减退（甲减），此时一定要去医院就诊。

危害三

生酮饮食确实会瘦很快，但瘦了以后整个人变得虚脱一般，精神萎靡，尤其是女孩可能会如“林黛玉”般呈病恹恹的模样，到时后悔晚矣。

危害四

生酮饮食一段时间后会产生对碳水化合物的极度渴望而暴饮暴食。

总之，建议想利用生酮减脂的人还是要科学制定减脂计划，按部就班减脂，不求太快，但求健康。

19 减脂期如何对待旺盛的食欲

减脂期最大的特征就是能量负平衡！能量负平衡的状态会导致身体出现“饥荒”信号，放大进食信号，导致我们不自觉地渴望碳水化合物、蛋白质和脂肪。这就是我们食欲旺盛的主要原因。

我们很厌恶的“食欲旺盛”其实是身体健康的信号，说明我们的身体机能处于正常状态，想想我们在什么状态下才会失去食欲？多数是生病、失恋或失业等状态才会有。所以我们一定要珍惜“食欲旺盛”，一旦失去食欲，后悔莫及！

这么旺盛的食欲对于减脂的你来说确实不利。有些伙伴们忍不住暴饮暴食，不仅吃饱还要吃撑，吃到浑身紧绷，其实这对身体十分有害，容易导致胰腺炎。

那么如何对待减脂期旺盛的食欲？这里有几个方法供大家参考，可组合使用。

---

① 进食顺序要讲究，首先喝一小碗汤，然后再吃清淡的蔬菜类菜肴，把胃填充大半；之后再吃碳水化合物和蛋白质类菜肴，半小时后再吃水果。这样的进食顺序比平时能少吃1/3的热量，而且很快就有饱腹感。

② 细嚼慢咽，别狼吞虎咽，生活需要仪式感，既可以增加生活的乐趣，也能让生活变得更有品质。而吃饭就好像欣赏一道作品，食欲会大大降低。这招很管用，一定试一试！

③ 在每次吃饭前按压耳的“饥点”，它位于右耳耳廓下方，反复按压可迷惑大脑，让它向肠胃发出饱腹信号。但要注意，“饥点”的按压时间不要超过3分钟，由于“饥点”敏感性很强，按压时间过长，会让你食欲降低、营养摄入不足。

④ 饭前来杯黑咖啡，可以有效抑制食欲。

⑤ 饭前半小时建议先冲杯蛋白粉或牛奶喝下，可增加饱腹感，降低食欲。

---

20 如何让你不再暴饮暴食

暴饮暴食的元凶，肯定是旺盛的食欲，试问没有一点胃口，谈何暴饮暴食？影响食欲的机制非常复杂，参与的激素众多，而且很多机制还处于未知状态，目前学术界唯一认识比较清楚的就是瘦素了，所以我们把瘦素作为暴饮暴食的元凶代表。

瘦素（LP）是一种由脂肪组织分泌的蛋白质类激素。学界普遍认为它进入血液循环后会参与糖、脂肪及能量代谢的调节，促使机体减少摄食，增加能量释放，抑制脂肪细胞的合成，进而减轻体重。

所以我们在减肥时很欢迎它，但当我们的脂肪细胞在萎缩时，瘦素会减少分泌，血液中瘦素浓度降低，这时就会通知大脑，产生强烈的饥饿感，告诉我们要进食。

尤其是当我们减肥取得一定成效时，越发容易暴饮暴食而前功尽弃，这主要归因于瘦素等激素的操控。

瘦素和个人体质有着很大的关系，在每个人身上产生的作用效果不尽相同，有的人对瘦素很敏感，所以很容易产生暴饮暴食或不间断进食，有的人则并不敏感，从而能够相对容易地保持较好的体脂率。

仅仅了解原理对我们的减脂并没有实质性帮助，怎么利用好原理才是我们的目的。为了欺骗瘦素带来的饥饿感，我们可以利用饱腹感来对付它，选择体积大、能量密度低的食材充饥，尤其是含水量较大的食材，如新鲜的蔬菜和水果是对付瘦素下降的有效办法之一。

当瘦素激活“万恶”的食欲，冰箱里常备西红柿、黄瓜、生菜、火龙果、苹果、圣女果等蔬菜水果作为我们作战的弹药，同时扔掉“零食大礼包”。只有采用正确的策略，减脂才会成功。

21 为什么月经不调和月经前后容易暴饮暴食

女性患暴食症的人数要显著多于男性，尤其是月经不规律的女性，容易出现暴饮暴食；月经前后容易出现暴饮暴食，这是为什么呢?

暴饮暴食一般是指一些人在非常短的时间内，毫无节制，又猛又急地吞食大量食物，这是一种非常恐怖的生活习惯，长此以往，不仅身体会出现各种各样的问题，寿命可能也将会大大缩短。女性之所以更容易出现暴食的情况，问题有可能出在雌激素上。

暴饮暴食与雌激素有着相当密切的关联，月经不调的女性和经期前后，雌激素会发生波动变化，原因是雌激素可以促发大脑中某一神经元，抑制暴饮暴食，当雌激素水平较高时，暴食可以得到抑制，反之当雌激素水平下降时，暴食往往容易出现，这个效应已通过小白鼠实验得到检验，这也为治疗暴食开辟了一条新思路。

但相反也并不是说雌激素越高越好，因为雌激素高的副作用是使得女性乳腺癌发病率增高，因此有研究使用雌激素的共轭化合物来代替治疗暴饮暴食，从而规避这个副作用。但我并不主张直接采用激素疗法来抑制暴饮暴食，除非身体确实出现疾病信号，必须通过药物来治疗，否则我们还是要通过科学健康的生活方式和饮食来调节雌激素。

22 为什么减脂期不能吃口味太重的食物

大家有没有出现过这样的现象：吃上几口咸菜，身体就不自觉地想摄入碳水化合物。这其实是一个非常重要的营养现象。

我们来分析下原理。那些口味重的食物，多数含有很高浓度的食盐，换句话说含有很高浓度的钠离子和钾离子，而这两种矿物质是参与人体水平衡以及神经传导的重要物质。

当我们摄入过量的钠离子时，身体很快发出信号——摄入水分来精细调节水盐平衡，一般来说会发出口渴的信号，通过补水来达到身体的水平衡。

但是，在减脂期，通常我们摄入的碳水化合物是缺乏的，因而身体很容易发出迷惑信号——进食碳水化合物，因为碳水化合物本身含有大量的水分，比如一片烤馒头的水分含量可以达到30%，所以这时候吃了类似“下饭菜”的咸菜时，我们会极度渴望吃碳水化合物。

所以减脂期不能吃口味太重的食物，目的就是要保持身体的水平衡，不要让身体过度发出错误的进食信号。另外，钠离子和钾离子会留住大量的水分在肌肉和皮下，因此，当我们吃得过咸时，通过补水或进食后就会大概率出现水肿的情况，尤其是戴戒指的朋友，一顿重口味餐后，手指头立马粗一个维度。所以，为了减脂及身体健康，我们应该尽量吃得稍微清淡一点，当然不要走极端，一点盐分都不摄入，那样也会影响身体健康。

23 为什么减脂时要多喝水

为什么减脂期间要喝大量的水？主要有三方面原因。

原因一 食物本身含有大量水，减脂期需要节食，为保证水平衡，所以要大量喝水。

原因二 饮水能消耗热量，这是食物热效应的表现，所谓食物热效应就是用餐后食物能以热量的形式向外辐射到周围环境中，使代谢明显加快。德国的一项实验表明，受试者在喝水半小时左右代谢即可能达到巅峰，而且女性喝水时消耗的能量主要来自于碳水化合物。

原因三 有研究显示喝22℃的常温水比37℃（体温）的温水其减脂更有效，这是因为常温水能激活神经系统特定部位来加速燃脂。

基于以上分析可知：减脂期间多喝水没坏处，如果身体允许，就喝常温水，别喝太凉也别喝太热。

24 健身要不要吃蛋白粉

忙着减脂的你怎么能不配点蛋白粉？可是你是否清楚：自己是否需要蛋白粉？使用什么样的蛋白粉？怎么使用蛋白粉才能让它发挥最大价值和功效？

人体一天需要的蛋白量 运动新手每天每千克体重摄入 1.2~1.4 克蛋白质的标准就可以达到正氮平衡并获得肌肉的足够增长。

研究发现："如果热量摄入足够，就没必要摄入大量的蛋白质。"如果我们在增肌期，显然摄入的热量足够，蛋白质无需过多摄入，而我们在能量不足的减脂期，蛋白质反而需要多摄入。这个观点与目前主流观点不一致，相信会引起很多人的质疑，但是我比较同意该观点，原因是在高碳水化合物环境下，胰岛素含量高，导致肌肉合成效率更高，反而不需要摄入那么多蛋白质。

为了不使我们的经济和身体都产生负担，通过总结，我认为一般健康人群每天摄入蛋白质1.4~1.8g/kg体重是非常安全的。如果在增肌期，可以少摄入些，如果在减脂期反而可以多摄入些。

到底需不需要补充蛋白粉

这需要你自己评估一下当前饮食和运动状态，以减脂期为例，如果你的正常饮食明显低于我们推荐的蛋白质摄入量，比如学生或者工作繁忙的白领，在吃饭上无法投入大量时间，那么可以考虑利用蛋白粉来补充。

蛋白粉有两大好处：一是吸收效率高，这对于运动前后蛋白质的需求是一个极好的补充手段；二是便利性，蛋白粉是随手可得的优质蛋白质，尤其是对于减脂群体和经常运动的群体，可以随时随地补充。

因此，我认为大多数健身减脂增肌的人还是有必要把蛋白粉纳入到我们日常的饮食体系中。但是，如果我们日常饮食做得很到位，那就没必要补充蛋白粉了。

蛋白粉的种类：大豆蛋白、分离乳清蛋白、浓缩乳清蛋白、酪蛋白

大豆蛋白粉含有很多人体必需氨基酸，但利用率低，更重要的是转基因大豆较多，大豆蛋白含嘌呤较高，且大豆本身属于常见过敏原，易致敏，其安全问题不能忽视，而且可能会有点腥味，所以选择前需仔细斟酌。

乳清蛋白属于动物蛋白，来自牛奶，也属于常见过敏原，乳糖不耐症人群不太适合食用。乳清蛋白分为浓缩乳清蛋白（WPC）、分离乳清蛋白（WPI）和水解分离乳清蛋白。从原料的角度看，蛋白质含量由高到低排序是水解分离乳清蛋白、分离乳清蛋白和浓缩乳清蛋白。分离乳清级别的蛋白粉中蛋白质含量一般在90%以上。正因为蛋白含量的差别，蛋白粉的价格也有很大差距。分离乳清蛋白除去了乳清蛋白中的脂肪和乳糖，口感更好，生物价值更高，更容易被身体消化吸收。水解乳清蛋白是分离乳清蛋白水解后的产物，蛋白质的吸收速度比分离乳清蛋白要快，也是婴儿配方奶粉的主要成分，所以属于蛋白粉中的高级产品。还有一种蛋白粉叫酪蛋白粉，酪蛋白是一种颗粒较大的蛋白，其蛋白价值与乳清蛋白区别不大，只不过消化吸收很慢。

市面上大多数品牌的蛋白粉都是以上几种蛋白粉的组合，比如我们通常见到的

组合是浓缩乳清蛋白（WPC）+分离乳清蛋白（WPI）。这也是我们的最佳选择，效果不错，价格也合理。

怎么使用蛋白粉才能发挥最大价值

我们每天的蛋白补充是需要匀速且均衡的，不能一餐是高蛋白，而其他时间一点蛋白都没有，这样会让我们的增肌减脂效果大打折扣，所以我们需要每顿餐都有蛋白，但如果你无法保证蛋白质的持续摄入，那么蛋白粉就是最好的调节。

蛋白粉补充有两个黄金点：一是早上，二是运动后即刻，前者用来激活运动代谢，后者则是及时补充氨基酸库，用于肌肉的合成或抗分解。蛋白粉最好不要单独喝，一定要配合碳水化合物一起食用，才能发挥出最大的功效，因为如果不激发胰岛素，摄入的蛋白质就无法发挥最佳效果，所以没有碳水化合物搭配的蛋白粉是没有灵魂的。

喝的量要因人而异，最简单的方法是按照说明书推荐的量喝，不管你喝多少都要算入一天的蛋白质摄入量中。

25 体脂率多少最理想

有人会问：你理想的体脂率是多少？参考值是：男性体脂率15%，女性25%，因为此时激素代谢状态最好，有利于健康，当然很多人不同意，所以这个问题真的没有一个标准答案。

很多人用单一的评判标准去衡量一个人的形体和健康，更是有失公允的。

而真正理想的体脂率是为了保证我们的健康，如果你现在体脂率降得很低，但激素代谢受影响，那么这个体脂率就不适合你，你需要足够的脂肪保持身体健康。

所以每个人心中理想的体脂率是不一样的，但无论你设定了什么样的目标，在保证健康的前提下，都要努力走下去！

26 减脂时红肉该不该吃

红肉是指猪肉、牛肉、羊肉等畜类肉。红肉总是被人误解：“红肉没有白肉健康”“著名运动员也不吃红肉”……

确有大量文献认为红肉与某些退行性疾病（癌症、心脑血管疾病等）有着强关联，那是因为长期过量摄入以及生活习惯等综合因素导致的结果，所以一定要客观地看待红肉。

而现在的情况是，红肉的缺点被过度宣传了，红肉的好处反而被低估了。所以，我们今天就不说它的劣势，单说它的优势。

第一 红肉是我们饮食中蛋白质的主要来源，除了含有很多饱和脂肪酸外，还含有很大比例的油酸，而油酸是不饱和脂肪酸，对人体健康起到积极作用。更值得一提的是，油酸的存在可以显著抑制食欲，所以当我们摄入了红肉时，往往食欲会更快地被抑制，想减脂的伙伴们，这简直是福利啊。

第二 红肉中含有多种维生素（维生素A、维生素E和B族维生素），尤其是维生素B_{12}，蔬菜中却没有。另外红肉还有减脂需要的左旋肉碱、共轭亚麻油酸（CLA）、钾、锌和镁，简直就是一道补剂组合，营养全面丰富。

第三 红肉是用来改善身体成分性价比最好的蛋白质，采用低热量的红肉饮食加碳水化合物比光吃碳水化合物的减肥者能够减掉更多的体重。

第四 定期补充红肉，可以让体内激素（尤其性激素）维持在健康水平。

第五 红肉中含有很多的铁元素，而这种铁元素要比其他来源的补剂更容易被人体吸收。贫血的人群更应该在膳食中优先考虑红肉。红肉中还有大量的硒元素，尤其是猪肉中其含量最高，是鸡肉的2倍，可以显著降低患癌风险。

以上是红肉为我们带来的优势，但并不意味着你可以放纵地食用红肉。我们应持客观的视角去对待，提倡多元化膳食、合理的营养素搭配。

27 减脂食物都需要水煮吗

很多人知道高盐会导致水肿，因此在减脂期间尽量吃清淡，有的人甚至水煮，其实这并非是最佳做法。先了解一下身体关于调节钠的激素——醛固酮。

醛固酮是一种类固醇类激素（盐皮质激素家族），主要作用于肾脏，进行钠离子及水分子的再吸收。整体来说，醛固酮是一种增进肾脏对于离子及水分子再吸收作用的一种激素，为肾素-血管紧张素系统的一部分。

醛固酮分泌上升，会拼命吸收体内的钠、钾和水，也就是我们所说的水潴留或者水肿，水肿当然不好，所以我们需要让醛固酮激素水平分泌下降，如何下降呢？必须大量喝水和摄入盐，当你每餐摄入大量盐时，身体会激发醛固酮水平上升，在最初的一周内身体会出现水肿，这是正常现象，随着每日饮水量的增加，排尿也会增加，身体的电解质会达到新的平衡，一周后醛固酮水平就会下降，身体的水肿现象得到极大的改善。

我们普通健身者在减脂一段时间后取得不错的效果时，想进一步提升状态，也可以采用以上策略提升效果。那么我们一天到底要吃多少盐算高盐饮食呢？

根据我国营养膳食指南的建议，健康人一天盐的摄入不能超过6克，基本上控制在3~6克即可，但是水至少喝4升。用水煮一切食物的同时，可以吃一些咸菜，适当增加盐分的摄入。

28 喝水都能长胖怎么办

众所周知，水是没有热量的，喝水都长胖真的是无稽之谈，很多肥胖者用这句话其实是在阐述一个现象：吃得很少，体重却不降甚至反升。那么是什么原因造成了这种情况？

原因一

身体基础代谢低，热量的消耗自然就会少，很多人说的虚胖体质其本质就是基础代谢低，基础代谢低有可能是基因遗传，也有可能是曾经采用过极端饮食的方式。如果继续采用低热量饮食，而没有其他措施时，基础代谢会进一步降低，加重“喝水都会长胖”的情况。其实减脂就是制造热量缺口，消耗能量的出口有3条：基础代谢、食物热效应和活动代谢。其中食物热效应只能贡献小部分能量消耗，所以此类体质需要通过活动代谢来增加能量消耗，达到减脂的目的，最好的运动方式是进行力量训练，力量训练配合高蛋白和高碳水饮食可以增加基础代谢。关于减脂期如何解决基础代谢的问题，我们会进行专门的讨论。

原因二

水肿，其原因有很多，如心源性、肾源性、肝源性等，找到原因对症下药。一般情况下，我们要在白天多饮水，晚上睡前则避免饮水，从而可以有效避免水肿。

原因三

吃的食物体积小，能量密度高，一片含起酥油和糖的面包，比吃2个窝头的热量都高，前者消化快容易饿，而后者则具有很好的饱腹感。沙拉中的蔬菜，比用油炒过的蔬菜热量低很多，同时也具有很好的饱腹感。这些例子不胜枚举，改变饮食结构确实能够最大限度地在不“挨饿”的情况下减脂。

人与人之间存在的体质差异，我们只能利用现有的知识来改变这被动的局面，只要心怀希望，任何困难都能被克服。很多人的经历表明，那些喝水都能长胖的人最后变成了增肌能手。短板不是你放弃的借口，而是你奋斗的理由。

29 食物磨成粉，能不能当减脂代餐呢

你选择磨成粉的食物一般是碳水化合物、蛋白质和脂肪的混合体，营养物质较为全面和丰富。豆类是很好的碳水化合物和蛋白质，芝麻和核桃等坚果中含有一定量的ω-3脂肪酸。这里强调一下菊粉，菊粉可以理解为天然果聚糖、低聚果糖，它在肠道中不会被水解成单糖，因而不会升高血糖水平和胰岛素含量。

将以上物质打成粉末后，确实能够提升身体对其消化吸收，但食物物理状态的变化使得其GI值发生了变化，很多膳食纤维遭到破坏，这使得此类物质更容易引起血糖的升高（除非菊粉比例很高），饱腹感会变差，更重要的是会损失大量的维生素C和B族维生素。

如果这些当作一餐的碳水化合物来源，人体会很快感受到饥饿，稍不注意，一天的热量摄入可能就会超标。另外这些物质打成粉之后会受到氧气、紫外线和微生物的侵袭，失去了食物本身的保护壳，如果保存不当，容易变质、发霉和结块。因此正常情况下，没必要把它当作碳水化合物的主要来源。

再说运动后这一餐，这一餐是非常重要的营养摄入窗口，此时喝这类粉状物质可以取得很好的效果，这个时候摄入的营养物质全部用来身体恢复，比较利于增肌和维持基础代谢。

最后，我想强调一点，在搭配这类粉状物质时最好考虑一下各种选材的比例，只要搭配合理，脂肪就不会超标。

30 如何将体内存储的脂肪作为身体燃料

脂肪在身体的存储有两个途径：一是存储在脂肪细胞中，二是以甘油三酯（三酰甘油）的形式存储在肌肉中。

减脂的重点是要减掉脂肪细胞里的脂肪，这样才能显著改善体形。

动用脂肪细胞中的“存货”，前提是身体必须处于非进食状态。此刻，当身体的活动状态发生变化时，体内的脂肪组织在脂解激素和脂肪酶的作用下，分解出游离的脂肪酸，这些脂肪酸会经过白蛋白的转运，被运输至肌肉细胞的线粒体中利用和消耗。

那么身体活动状态变化是什么？其实这就是减脂的重点，想要让脂肪组织分解更多，就要将身体调教到最佳燃脂状态。要达到这种状态，我们就要用到身体代谢脂肪的两个规律。

规律一　时间效应：身体运动持续时间越长，动用脂肪供能就越多。有文献显示，长时间（30分钟以上）的低强度运动，会使血液中甘油分子的浓度增加，而甘油分子则是脂肪燃烧最有利的证据。

规律二　交叉代谢效应：当身体在高强度运动（心率高，持续时间短暂）过程中，主要依赖葡萄糖供能，而脂肪供能的比例较少。当身体处于低强度运动或歇息状态时（心率不高，可长时间从事某一活动），身体会提升脂肪的燃烧比例，因为这样做可以大大节约糖原储备，因为糖原储备是身体一级能量，用来完成快肌参与较高的活动或能量的即时需求。

明确了以上两个规律，我们一定马上能反应出来一条最佳燃脂路径，那就是长时间低强度运动。

一定的高强度训练还是很必要且有积极作用的，虽然高强度训练依赖的是糖供能，并不能直接消耗太多脂肪，但其对基础代谢的刺激作用是运动后显现的，线粒体随后会大大提升一天中对脂肪的应用效率，身体会优先将摄入的碳水化合物用于糖原储备而非积累脂肪，给我们减脂来了一层双保险。

长时间低强度运动可以安排在力量训练后，或者是早上空腹时。

31 如何通过调整进食时间减肥

怎么做到“无需改变饮食和运动习惯就能减脂”？秘密就是：调整进食时间。我们好好分析一下到底是什么原理。

胰岛素敏感性

在说进食时间之前，我们必须提一下胰岛素，大家都知道胰岛素有两个作用：一是促进肌肉合成，二是促进脂肪积累。胰岛素越敏感，越能促进更多的肌肉合成而非更多的脂肪积累，如果不敏感，发生胰岛素抵抗，那么更多胰岛素会被分泌，肌肉细胞里的血糖就不会充分填满而且还会增加脂肪积累。

进食时间安排

进食时间和胰岛素有什么关系呢？不同时间段胰岛素的敏感性不同：胰岛素在早上最不敏感，然后敏感性开始增强，中午最强，晚上次之。这是因为胰岛素敏感性与活动代谢高度相关，活动代谢越高，胰岛素敏感性越高，比如运动后胰岛素敏感性是最高的。大量有关糖尿病治疗的医学文献数据都支持这个观点，比如有的糖尿病患者在早上打胰岛素，餐后血糖变化不明显，而中午和晚上效果会很好，就是这个原因。

胰岛素敏感性中午最强，早上最弱，晚上居中，如果你不想改变现有饮食结构，早餐最好是7点钟开始，因为胰岛素工作不积极，血糖变成脂肪的概率增高，所以早餐不能光吃碳水化合物，随着敏感性的升高，那么你就可以把最爱吃的放在中午吃，此时人体的活动代谢也开始增强，也就是血糖会被优先“盖五星级酒店”

（肌肉）。一般进食后4~5个小时，饥饿感再次来袭，所以中午就餐时间安排在12点左右比较合适，以此类推，晚餐时间最好在5~6点之间完成。

为了不让胰岛素“盖猪圈”（脂肪），我们的进食时间必须与活动代谢时间重叠。尤其是晚上这一餐的进食时间至关重要，很多人都吃的比较晚，与睡眠时间间隔比较短，此时活动代谢跟不上，胰岛素敏感度比中午要低，胰岛素低端工种开始增加，只好拿“盖酒店”（肌肉）的材料“盖猪圈”（脂肪）了。

32 怎么判断几分饱

谁都知道吃饭要吃好，只吃7分饱，可是你真的知道7分饱是什么状态吗？下面就给大家一个参考标准，希望在你的减肥之旅中起到积极作用。

10分饱 胃部感到强烈的憋、胀，甚至疼痛，再吃一口，感觉痛苦，出现打嗝症状，站姿才舒服。

9分饱 胃部已经感受到胀满，对食物失去兴趣，但还能勉强吃几口，小腹突出，想松腰带或裤子。

8分饱 饥饿感完全消退，但再吃没有太多不适应，食物带来的快感减退，此时典型的想法是想着吃点蔬菜、水果和酸奶会更好。

7分饱 饥饿感刚刚消退，胃部没有感到饱胀，但依然想进食，感到意犹未尽，食物还能带来一定快感，这时会考虑吃几口蔬菜，但不一定吃。

6分饱 | 饥饿感进一步减缓，进食速度比较快，急于填饱肚子，此时会考虑喝几口饮料，然后继续进食碳水化合物和蛋白质。

5分饱 | 饥饿感依然轻微存在，胃部感受舒适，看到食物还会两眼放光，尤其是碳水化合物和肉类，眼中根本容不下蔬菜和水果。

33 “躺着瘦”真的存在吗

你看了题目也许觉得有点像微商广告，当然这不是一条微商广告，而是真正可以发生的事，我们只需要激发身体的后燃效应，即可获得“躺着都能瘦”的最佳效果。

“躺着瘦”代谢原理

后燃效应有点类似短暂提高身体的基础代谢，众所周知，身体基础代谢水平高，热量消耗自然会增加。简单来讲后燃效应就是高强度运动后，身体为恢复初始水平所产生的额外热量消耗。

身体经过激烈的运动后，会使体温上升、血液循环和呼吸加快，乳酸积累，肌酸短缺，恢复以上生理功能初始状态都需要大量的能耗。之后的24~48小时内身体的新陈代谢被惯性般激发，脂肪组织为了保证能耗供应，开始过量释放，直到身体彻底恢复。

“躺着瘦”操作核心

到底选用哪些高强度运动才能产生后燃效应呢？可以明确的是有氧运动和力量训练均可以产生后燃效应，具体操作时且要记得一个黄金法则：心率越高，运动间隔次数越短，运动时间越长，运动量就越大，后燃效应就越明显，著名的高强度间歇运动（HIIT）就是利用了这个原理。一般后燃效应可以额外多消耗200千卡以上的热量。

“躺着瘦”注意事项

值得关注的是，如果单纯通过有氧运动或HIIT来产生后燃效应，初期效果明显，但最后不可避免要损害身体基础代谢，因为人体在发现能量过度消耗后一定会采取节约策略，或者当运动容量明显超出自身体内所承受的范围，基础代谢水平也会自动下降。所以运动策略一定要制定得科学合理，也不可以长期依赖“后燃效应”，身体需要增肌减脂不停地切换，才能练出更好的身材。

34 怎么做到“吃好了才能有力气减肥”

常常听说这么一句调侃的话：“不吃饱了怎么有力气去减肥？”实际上这句话蕴含着一定的道理，想要去掉体脂，除了制造热量缺口，整个过程还需要摄入全面的营养素才能加速体脂瓦解，具体需要的营养素如下。

一是 泛酸：泛酸的摄取要足够，否则脂肪的消耗比平时少一半，同时会导致低血糖，所以减脂期间一定要多补充。推荐食物：菜花和西兰花。

二是 维生素B_6：脂肪的分解过程需要维生素B_6的参与，如果缺乏，减脂效果将大打折扣。推荐食物：金枪鱼、胡萝卜、豌豆。

三是 蛋白质：要补充足够的蛋白质，能有效对抗肌肉流失，同时配合维生素E补充可以加快脂肪的分解。推荐食物：鸡胸肉、深海鱼、杏仁。

四是 卵磷脂：其主要功能是帮助脂肪燃烧，它的不足会加速传递能量，缺乏信号，促使大脑快速发出脂肪细胞消耗的指令。推荐食物：蛋黄、蘑菇、山药。

35 同样热量的晚餐早点吃和晚点吃对减脂有影响吗

答案是肯定有影响。原因是吃晚餐的时间影响了进食后与睡眠的时间间隔。

这个间隔有多重要？大量文献已经对此展开了各种研究，得出的结论是一致的。如果晚餐结束后到睡觉前这个时间段小于4小时，将会显著提升患消化系统疾病和糖尿病的概率，吃完饭一躺无异于慢性自杀，反流性食管炎、胃癌、肾结石、胆结石和肝病等疾病爆发概率大幅提高，并且有一项研究显示那些晚餐与睡眠间隔6小时以上的受试者，体重比那些间隔小于4小时的人轻得多。

原因是饱腹睡觉时，身体脏器和肌肉活动处于抑制状态，此时消化食物势必增加胃部工作负担，让胃“加班”，消化肯定不充分，产生的血糖和游离脂肪酸容易造成虚假热量盈余，此时胰岛素会将血糖转化成脂肪。因此早吃晚餐一定是减脂的重要技巧。

但也不能说晚上过了点就什么也不敢吃了，饿着肚子睡觉，同样对健康是不利的，胃肠道因胃酸过多也会出现溃疡类消化疾病。

因此那些无奈晚餐吃得很晚的人，晚餐最好选择易消化的低碳食物，简餐是最好的选择，比如吃点蔬菜沙拉水果，喝点牛奶或蛋白粉等，这样在空腹与饱腹之间做个折中，将身体危害和发胖概率降至最低。

36 为什么健身者都喝一种叫BCAA的补剂

BCAA，中文名叫支链氨基酸，其中主要的成分是L-亮氨酸、L-异亮氨酸和L-缬氨酸等。很多健身房都会推荐大家购买BCAA。那么BCAA到底在身体能发挥什么作用？它有没有什么副作用？

首先，BCAA之所以在健身界如此受欢迎，最主要的依据是：它是合成蛋白质的基础，BCAA的不断流失会导致肌肉萎缩，BCAA对于人体至关重要。那么什么时候BCAA会流失？答案是在低碳和运动的时候。这时候BCAA会从肌肉中分解出来，进入到肝脏进而转换成葡萄糖供人体使用，而且商家宣传BCAA能够延长肌肉耐力，避免肌肉过早力竭。这么看来我们很有必要补充BCAA。

但是，大量研究显示，我们在运动和低碳期消耗的BCAA并不足以发生肌肉大量降解，并且经常做力量训练的运动者身上BCAA消耗得更少了，因为通常BCAA转换成葡萄糖的比例仅为5%左右，所以大可不必担心肌肉分解。就连最厉害的有氧运动马拉松，BCAA都消耗不到5%，所以我们平时那点运动量更没必要担心掉肌肉了。

看到以上结论大家肯定会质疑，那么多资深健身者，尤其是一些成绩很好的运动员都在服用BCAA，为什么我们最好不用呢？在你决定是否摄入BCAA之前，我们必须注意如下事实。

我们日常食用的蛋白类，比如蛋白粉、鸡胸肉、鱼类，这些蛋白质就含大约25%的BCAA，而且比例搭配非常合理，如果你按照之前我给出的蛋白质的量摄入蛋白质，就完全没必要单独摄入BCAA，因为根据补剂推荐的剂量来看，一次BCAA摄入量至少为5克，而肌肉中氨基酸的水平上升范围有限，也就是说我们已经通过正常饮食摄入了足够的BCAA，额外补充的只能被浪费掉。

对于服用BCAA有一个很重要的原则：如果某天进行强度较大的有氧运动训练，没吃太多的蛋白质或蛋白粉的情况下，可以适当服一些BCAA，有助于补充每天所需的必需氨基酸。

37 绿茶可以作为一种减脂补剂吗

在大部分与减脂相关的文章中推荐频率较高的减脂补剂非黑咖啡莫属。可是有的健身爱好者说不怎么爱喝咖啡，有没有别的替代品？实际上，还有一种和它类似的补剂——绿茶。

绿茶对人体健康有很多积极作用，有文章报道，用定量的方法研究了茶多酚对脂肪氧化的效果，结果发现竟然能够将脂肪氧化效率提升17%。

但若想提升17%的氧化效率，必须在喝完绿茶后，再进行中等强度的有氧运动。绿茶在一定程度上确实能助减脂一臂之力！

因此，如果你不想喝黑咖啡的话，那么在运动前喝杯绿茶吧，它会帮助你完美燃脂。

38 减脂期身体缺乏维生素到底该如何补充

补充维生素的方法大致有两种：一是通过食补，如吃蔬菜水果等；二是通过营养补剂补充。

前者传统、繁琐，而后者快速、简单。食补的支持者认为营养补剂补充非天然，而非天然的东西具有一定的危险性，毕竟现在还没有权威的证据能够证明长期使用维生素片剂是安全的，而营养补剂的支持者认为既然没有证据证明其有危害，为何不能用最方便的办法补充呢？

当遇到一天都吃不到新鲜蔬菜和水果时，可以选择营养补剂。但在正常饮食的情况下，因为本身食物中就有大量维生素，再通过营养补剂补充，身体微量营养素很容易就超标了，长期维生素或矿物质超标，很容易给身体带来负担，引发疾病。所以这里建议在减脂期多吃蔬菜水果，以保证充足的维生素摄入。

39 有氧运动和力量训练哪种减脂效果好

减脂的目的是消耗更多的脂肪，尤其是动用更多的体内脂肪，为了实现这个目的，我们要尽可能利用脂肪作为我们的燃料。

有氧运动的特性是强度低，主要动用慢肌群，持续时间长，脂肪是其重要燃料，但与此同时糖原储备也在不间断地减少，一般1小时的有氧运动会消耗掉身体55%的糖原，而如果时间增至2小时以上，身体的肝糖原和肌糖原将会耗尽。

无氧运动和力量训练会募集更多的快肌纤维，其特性是强度高、间歇短。碳水化合物是其主要燃料，快肌纤维有个重要的特点是依靠ATP来满足运动需要，如大重量深蹲等。而满足这种快速生成ATP的需要只能由碳水化合物和磷酸肌酸来承担。所以力量训练可以在短时间内迅速“榨干”身体的糖原储备，但几乎不会用到脂肪酸进行供能。

那是不是可以草率地下一个结论：如果只是单纯为了减肥还是选择有氧运动作为减脂运动首选吧。这么考虑是没错的，但却忽略了重要的一点，假设我们长时间只做有氧运动，身体不仅动用脂肪供能，还要消耗相应的蛋白质。研究显示，长期有氧运动，尿液中会排出更多的尿素，如果蛋白质补充跟不上，很容易造成身体负氮平衡，身体健康受损。

虽然力量训练几乎不会消耗多少脂肪，但它可以刺激线粒体在24小时内动用脂肪的能力，如果此时再做有氧运动，燃脂效率会更高，另外，通过无氧运动消耗的碳水化合物可以显著降低身体因碳水化合物摄入过量而转化成脂肪的风险。此外，随着力量训练能够刺激肌肉的增加即基础代谢增加，因此间接提升了骨骼肌存储糖原的能力，即便是摄入更多碳水化合物，身体也比之前不容易长胖。

所以，这个问题最标准的答案应该是有氧运动，力量先行。当然有些健身爱好者可能没有那么多时间执行最标准的力量训练+有氧运动，那么还是优先做力量训练吧，有了结实的肌肉，减脂其实是一件很轻松的事。

40 市面上的开穴减肥靠谱吗

开穴主要是通过穴位的刺激产生不同的效应，激发人体潜力，这种说法在中医中经常被提到。曾有中医专业医师为很多肥胖患者提供过服务，所不同的是他们用的是开穴、针灸和刺血的方式帮助患者减肥，其大致原理是通过经络的刺激，抑制食欲，从而达到摄入小于消耗的目的，当然疗程结束后，别忘了叮嘱患者，治疗期间一定要配合吃清淡饮食。

面对开穴和封穴这种减肥，我们需要谨慎对待，毕竟减脂的黄金定律是摄入小于消耗，只要满足这一点，瘦是一定的。

41 减脂时抑郁了吃什么

我们心情好时会找好吃的，抑郁的时候会借酒消愁，吃些“垃圾”食品等。可见食物对心情的影响不可忽视。由于减脂时，饮食的严格控制和运动量的增加，使得身体很容易出现疲劳、心情低落和抑郁。饮食在很大程度上能够改善人的心情。

酪氨酸作为人体的必需氨基酸之一，可以产生各种神经传导物质，能够作用于中枢神经，产生肾上腺素和黑色素，可以显著改善人的心情，缓解抑郁、消除各类疼痛，如月经痛、肌肉痛和关节痛等，同时能够让人对学习、减肥和事业产生积极向上的劲头。

酪氨酸主要存在于牡蛎、鲍鱼、金枪鱼、三文鱼、大豆、红豆、核桃、黑芝麻、奶酪、巧克力、带鱼、牛肉、猪肝等食物中。此外，心情抑郁时还要格外注意

B族维生素、维生素C和铁元素的补充，因为在造成低落情绪的压力下，以上维生素的缺乏会加重抑郁。可以选择猕猴桃、海带、红枣、香蕉、海带等补充B族维生素，另外铁与维生素C同时补充效率最高。

42 是不是生育之后的女性更不容易减掉腹部脂肪呢

女性生育时，身体形态发生改变，弓腰和骨盆前倾导致小腹突出，这个形态很容易造成下腹运动死角，小腹更加容易下坠。这就是为什么很多妈妈认为腹部脂肪突出的原因。

产后女性减脂的难点如下。

一是 有些妈妈需要哺乳，而减脂需要能量亏损，为保证哺乳需要又不能一味地制造热量亏损，这种矛盾导致的冲突，造成脂肪难减的错觉。

二是 在孕期就没有控制好体重，在各种营养品的滋补下囤积了大量脂肪，由于产后育儿是一件极其辛苦的事，因此并没有大量时间运动。不要以为育儿的琐事很累就会消耗脂肪，事实上这些劳累基本没什么减脂效果，不运动还能吃，当然没法撼动巨量脂肪。

三是 睡眠不足导致的新陈代谢缓慢，减脂难度提升。

减脂是全身性的，一般人很难做到只减掉某个部位的脂肪，尤其是脂肪基数大的朋友。因此产后减脂，建议先从纠正或优化身体形态做起。纠正肌肉不平衡和骨盆问题，先恢复正常体态，之后再利用2个月时间集中精力做好计划，利用运

动加合理营养摄入的方式，减掉大量脂肪，通常至少可减掉5千克体重。然后再维持2个月，让身体适应新的能量平衡，之后再重新制定减脂计划继续坚持减脂2个月，基本上就可以获得理想体重了，这时候你再看腹部，应该就没有烦恼了。

43 女性减脂期出现月经不调和闭经的真正原因是什么

为什么有些女性在减脂期出现月经量少、月经不调和闭经，这些问题的发生归根结底就是因为身体能量利用率出现了问题。

通过饮食摄入人体产生的能量主要是维持体温、细胞、免疫、生殖和运动。这一切都是由大脑发出的信号操控的，人体减脂时消耗了糖原储备，然后调用脂肪酸供能，但脂肪酸提供的能量，大脑是无法使用的，大脑只能利用糖原而且必须是肝糖原供能，所以当人体通过节食或运动，使得肝糖原被大量消耗时，大脑通过改变能量代谢激素，将全身能量利用率调低，以求达到新的能量平衡。而调低的代价，就是要降低或关闭某些功能，生殖系统首当其冲，其次是骨质流失。有些女性下肢力量弱和经常崴脚就是这个原因。

而我们要恢复身体这种低能量利用率的状态，却需要更多的能量来启动，有可能出现的结果是，怎么吃都不来月经，或者短时间内难以改善，而增加的体重早已超过你减脂时的初始体重，到头来赔了夫人又折兵，病来如山倒病去如抽丝，失去才知道健康的宝贵！看到这里的女性朋友们，如果你出现闭经且时间超过3个月，请立即就医，有条件的咨询营养师，合理搭配营养膳食，及时纠正。

所以，我建议在减脂前一定要评估好身体状况，做一份科学合理的减脂计划，在享受减脂带来的红利时将风险降至最低。

44 月经不调人群该如何减脂

如果你是成熟女性，当你决定减肥的那一刻开始，月经就有可能面临着不调的风险，这并不是什么危言耸听，而是事实。当然也没有你想象的那么恐怖，因为这是一个很正常的过程。

月经不调是指月经周期/月经量的异常表现，可能与器质性病变、功能失常等病因有关，同时高血压、内分泌不调、宫外孕、流产、卵巢肿瘤等疾病均有可能诱发月经失调。月经失调的临床表现包括：①月经稀少，是指月经次数减少；②月经延迟，频繁出现月经表现；③月经过多，是指月经期间有过多的血量，每个月的月经量在800毫升及以上；④月经量少，是指月经期间，出现少量月经量，与正常月经量不相符；⑤月经周期不规则，是指月经周期紊乱。可见月经不调的病理表现具有多样化特点，因此，其发生原因也同样会多样化。

而以上问题的根源是下丘脑-垂体-卵巢（以下简称下垂卵）调控轴出现了紊乱，影响这条轴的原因有很多，如情绪低落、炎症、抽烟、喝酒、熬夜、生活不规律、便秘、营养不均衡等。不幸的是，有很多人的这条轴是异常敏感的，比如喝杯冰水就能马上导致月经不调。

减脂的大环境是能量负平衡，而制造能量负平衡的方式主要有两种：一种是控制摄入，另外一种是增加消耗，或者两种方法同时进行。身体的能量处于亏损状态下，不可避免地对下丘脑-垂体-卵巢这条轴进行施压，比较敏感的人群就会出现月经不调。

哪怕这些人按照当下被公认的理想减脂饮食模式——低碳水化合物、高蛋白质和低脂肪饮食来进食，例如碳水化合物选用低GI值碳水化合物、高蛋白质多吃鸡蛋、鸡胸肉等，脂肪少吃但选用优质脂肪，比如鱼油、亚麻籽油和橄榄油等，另外，多吃各类蔬菜。即便是这样，依然没有逃脱月经不调的“厄运”。

于是她们在减脂与调月经之间艰难地选择着，月经回来了，脂肪也贴上来了，脂肪减掉了，月经又走了。

那么我们该如何对待这种两难的境地呢？ 我们要秉承健康优先的原则，保证月经的基础上再考虑减脂，也就是说减脂出现月经不调时，一定要停下来先调节月经。

减脂前还是要好好评估一下，自己的体脂是否在正常范围内，如果本身体脂不高，而一味追求低体脂，这就是在损害健康，尤其是在当下审美潮流的影响下，很多本身并不胖的女生，却依然要强行减脂，这种做法是不值得的，我们没必要牺牲健康，把自己打造成健身明星般的标杆身材，除非另有特殊原因。问题是一旦出现因减脂导致的月经不调，再想调回来也许会更胖，到时候才慌了神，悔之晚矣！

当我们确实脂肪超标，必须减肥时，为了将月经的影响降到最低，就要控制减脂的时间，减脂周期不能超过8周，甚至压缩更短至4~6周，尽管这个时间段并不一定让你取得满意的效果，但也要停止，不再为身体制造能量饥荒，让身体能够感受到足够的安全。等身体适应后，月经也没有异常时，再开始下一次的减脂之旅。

减脂过程中，不要突然间改变自己现有的饮食习惯，本来每天吃着宫保鸡丁、肉夹馍，突然间天天蔬菜沙拉为伴，这样粗暴的方式，会让敏感的身体产生不适应，从而更容易引发下丘脑-垂体-卵巢轴的紊乱。应该慢慢地改变现有的饮食习惯，鸡丁保留，肉夹馍只吃半个，然后再增加半个红薯，以此类推，逐步替换到理想的减脂饮食模式，慢慢地让身体接受这个过程。

热量缺口的设定也不能过于大，对于有月经不调史的人群，热量缺口控制在300千卡以内是比较安全的。

45 为什么减脂期更应该关注甲状腺的健康

甲状腺负责调节人体新陈代谢，是一个很敏感的器官，一旦出问题可能会出现闭经、月经不调、精神不振、反应迟钝、畏寒和性欲减退等症状。导致甲状腺疾病的原因有很多，这里不多做阐述，今天我们就重点探讨一下为什么减脂不当会导致甲状腺疾病的发生。

一是 压力素会导致甲状腺功能受到挑战。在减脂期，运动以及营养素的不足为身体带来各种不适应，身心俱疲，内心纠结反复，这种压力会作用于中枢神经系统，干扰下丘脑和垂体分泌促甲状腺激素，最后导致甲状腺激素释放紊乱。

二是 由于运动和节食导致细胞自由基增多，氧化应激反应加重，身体没有及时清除自由基，促进了炎症因子的激增，同样影响甲状腺的功能。

三是 减脂期营养不良导致微量元素缺乏，尤其是碘和硒的缺乏，会导致甲状腺激素水平的异常，甲状腺功能减退，如T3和T4偏低等症状。

四是 维生素摄入的不足，也会影响甲状腺调节代谢信号的传导受阻，导致甲状腺功能异常。

为了保证减脂期甲状腺不受到伤害，建议采用如下对策。

一是 控制减脂时间和节奏，减脂不能无限制地进行下去，就像走楼梯一样，走上半层，必须在一个平台上休整一下，然后继续前进。不要认为平台期是不好的，恰恰平台期是在告诉你不能再继续这样了，你需要修正计划让身体适应新环境。而最好的修正模式就是由减脂变为增肌（可能很多女性朋友不愿意这么做，但这是比较有效的方式，很多男士就没有这种烦恼，因为大部分男人都喜欢增肌）。

二是 补充必要的脂肪，保障激素传导信号的正常发挥，比如要摄入人体必需脂肪酸ω-3（如亚麻籽油、DHA），保证激素作用时不缺“物料”。

三是 考虑补充碘和硒，碘主要存在于海产品和加碘盐中，一般来讲，我们日常对碘的摄入基本上不会缺乏，所以重点要注意硒的补充，比如说食材选择红肉、蘑菇、大枣、大蒜等。另外，再强调一下，一定要大量吃各种绿叶菜，确保各类维生素补充足够。

四是 心理上不要给自己太大压力，我们都想变成自己理想中的样子，这个过程是漫长的，不是一蹴而就的，要学会享受这个奋斗过程，想想就算是健美专业运动员也会瘦了胖，胖了瘦，但总体上只要一直在进步就是最棒的。

以上便是减脂期保护甲状腺的对策，当然如果你从来没有甲状腺问题的困扰，那么你真的很健康，一定要好好呵护它，不要掉以轻心，因为不发病，你永远不知道这个器官有多么重要！

46 为什么减肥越减越虚弱，身体各类问题接踵而至

为什么那么多女性朋友在减脂期做了大量的运动后，身体却出现皮肤发黄、脱发、月经不调、经常感冒，便秘、身体虚弱的症状？不是说运动能强身健体，怎么会越练越虚？有类似情况的健身者请注意，除了归结到节食造成的能量亏损，碳水化合物、脂肪摄入不足外，还有一个重要的因素就是抗氧化剂摄入不足。

在谈抗氧化剂之前，我们先说一下自由基。自由基的概念相信大家已经不陌生了，如果身体产生的自由基没有被身体抗氧化系统及时清理掉，它们就会残害周边细胞。而我们在运动时，身体需氧量是平时的10~15倍，在肌肉中氧流量可增长200倍，潜在氧化应激反应激增，便会制造更多的自由基。

关于这方面的研究，在动物性实验中，确实发现摄入足量的抗氧化剂能够清除

运动产生的自由基。研究人员发现经常运动的人群包括运动员的抗氧化循环水平比普通人低一些，这说明经常运动的人群需要摄入更多的抗氧化剂。

所以出现减脂期越练越虚的情况时，不妨试一下补充抗氧化剂，但最好还是优先通过饮食来摄取，主要推荐7种食材：杏仁、巴西坚果、黄花鱼、胡萝卜、芦笋、油菜、柠檬。

47 减脂期吃得很严格为什么会出现便秘

有些非常自律的人在减脂期出现了便秘，他们有着良好的生活习惯，规律运动，吃大量的蔬菜水果，碳水化合物方面摄入GI值较低且含有大量粗纤维食材，为什么这些人还会出现便秘的情况？

难道是饮食在哪一个环节上出了问题？食物从进食到排出需要一定时间，通常碳水化合物的排空时间最快，其次是蛋白质，最后是脂肪。如果减脂期间采用了低碳饮食，本来摄入就有赤字，所以便意减少也属于正常情况。因此建议，每日养成固定时间大便的习惯，多喝水，加大绿叶蔬菜的摄入量，早上喝一杯黑咖啡，改善减脂期出现的便秘。

另外，减脂期的饮食通常会对脂肪进行严格控制，但过于严格还会导致脂肪摄入量严重不足，此种情况也会导致便秘。如果你在减脂期出现同样的问题，请注意不饱和脂肪酸的摄入，尤其是人体必需脂肪酸ω-3的摄入，确保肠道有足够的脂类，一条简单的操作建议：将食物蒸煮后，再喷上亚麻籽油、菜籽油和橄榄油等凉拌，这样既可以限制热量摄入，同时又能保证优质脂类的摄入，此外便秘的健身者要格外注意多喝水，每日至少要喝2.5升的水量。

48 为什么有人减肥老是失败

为什么减肥老是失败呢？一千个人有一千个答案。我认为关键的问题还是基因在“作祟”。减肥这种行为其实就是在对抗身体里的基因表达，这本来是意志和进化的较量，人类挣脱食物短缺的时间相对人类诞生来看时间太短，其基因里对脂肪和能量的渴望还牢牢地支配着我们的进食行为，所以减肥是一辈子的事情，一定要懂能量平衡，更要懂营养策略，才能让我们在这条路上越走越好。

实际上人体在获得了足够多的热量时会向身体释放信号，这个信号包括饱腹感和饥饿感的消失，只不过在食物充足的今天，我们常常忽略这些天然的信号，有些人哪怕是一点饥饿感都没有，仍然因为某些食物的外观、味道，选择继续摄入，这正好说明，我们忽略了身体最自然、最原始的感受。优质的营养摄入就是人为制造食物短缺的环境，让身体回到最初的原生态，体会食物带给你真正的快乐，基因记录着人类的发展史，今天的减脂也是在改造基因，创造历史，但愿人人都能够减肥成功，如愿以偿。

49 减脂期基础代谢下降怎么办

人体的能量需求主要是基础代谢和活动代谢。基础代谢用来保障身体的基本功能、心跳和呼吸等。活动代谢将能量用于身体活动。通常人们在实行严格饮食的减脂期间，基础代谢会下降，主要原因是有氧运动和节食导致肌肉降解，并且这种模式下造成的基础代谢下降，在停止减脂后还会持续一段时间。

影响基础代谢的因素有很多，除了肌肉量，还有年龄、性别、基因、甲状腺素等激素以及外界的压力，“有人喝水都长胖，有人怎么吃都不胖”，就是基础代谢带来的结果。

想让脂肪短时间内很快消失，最主要的影响因素是活动代谢导致的热量缺口，为了效果更好，有的朋友不断增加耐力训练运动量，身体认为这是在“玩命”，所以启动节能模式，持续降低基础代谢。这样的减脂方式在某个时刻效果会到极限，也就是所谓的平台期，为此很多健身者们不得不吃得更少，运动得更多，痛苦不堪，且难以为继，更重要的是导致健康受损，脱发、月经不调和经常生病。

对于想减脂的健身者来说，基础代谢的下降风险是极其高的，所以减脂的重心在减脂，但核心在于基础代谢。在影响基础代谢的因素中，唯一可控的就是肌肉量，而且很多健身者在经过一段时间的实践中已经体会到了。然而要想真正地获得肌肉量的增长，体内必须有一定的热量盈余，这又与减脂的基本原则相违背。增肌和减脂需要的新陈代谢环境不同，既想增肌又想减脂几乎是不可能的。

要想最大限度地保留我们的肌肉，减脂的同时还能使现有的基础代谢不下降，下面的具体操作是关键。

---

① 改变运动方式。从单纯的有氧运动切换为有氧运动加力量训练，一周3~5次，根据个人情况安排，力量训练绝不能少，它是对抗肌肉流失最佳的方式。

② 抓住营养窗口期。在训练前半个小时和训练后半小时内这两个时期，制造能量波峰，摄入高GI值碳水化合物和蛋白质，获得较高胰岛素水平，用来对抗肌肉流失，而在其余时间严格控制饮食。

③ 合理安排运动周期。减脂期设定不可太长，一般安排8~10周，之后进入维持期或者增肌期，让身体能够再一次感受到能量的平衡或盈余，解除能量节约模式，为下一次的进步奠定基础。

---

50 想高效减脂选什么运动

高强度间歇运动（HIIT）具有强度大、时间短、运动有间歇等特点，解决了肥胖人群因时间长、运动方式单一等难以坚持的问题。HIIT被健身界广泛推崇，其减脂效果也得到了很多健身爱好者的亲身验证，但是有很多人好奇HIIT和传统的有氧运动哪种减脂效果更好，或者它们之间的区别在哪里？今天我们就来全方位揭秘HIIT这项运动的减脂原理。

前面已论述了关于有氧运动和力量训练的先后顺序，期间氧化代谢是脂肪消失的路径，解释了不同类型的运动使用的肌肉类型和能量消耗过程，让我们清楚地知道，如果想让身体消耗更多脂肪，必须走氧化代谢这条通路。

所以看一种运动能否有效地消耗脂肪必须考虑其氧化代谢的效率是否高。而HIIT在提升氧化代谢方面表现卓越。我们来看一下HIIT高强度间歇运动的氧运输情况，这里要用到一个概念VO_{2max}，它是评价身体肌肉代谢消耗氧气的能力和呼吸系统运输氧气至线粒体的综合能力，简单理解，VO_{2max}能力越强，脂肪代谢效率越高，根据文献情况显示，不运动人群和运动人群的VO_{2max}有着显著的差异，经常运动的人群可以达到80~90ml/（kg · min），当然人体整个氧运输系统非常复杂，是呼吸系统、神经系统和循环系统综合作用的结果，而作为健身爱好者，我们只需要知道HIIT这种运动的目的是锻炼氧气消耗能力，能够提升VO_{2max}，多消耗脂肪。

关于HIIT与有氧运动的研究对比文献，一些引用率比较高的文献结果显示，高强度间歇运动与持续有氧运动对身体成分及皮下脂肪的干预都是有效的，但高强度间歇运动减脂效果确实优于持续有氧运动。其最主要的原因是高强度有氧运动后过量氧耗（EPOC）增加，能够在恢复期使用更多的脂肪为身体供能。

但前提必须是长时间高强度有氧运动才能有这样的效果，如果HIIT只做10分钟，那么恢复期并不能使得EPOC增加，身体会利用糖原、乳酸等物质进行供能，但并不能取得太好的减脂效果。问题来了，HIIT到底该做多久才能更有效减脂？根据研究以及我的亲身实践，HIIT至少需要半个小时以上，才能达到理想的减脂效果，这也超出了很多健身者的预期。

51 如何安排有氧运动，将自己打造成一台完美的燃脂机

有氧运动的目的有两个：一是提升活动代谢加大热量消耗；二是尽可能用脂肪来供能。要想让身体完美燃脂，必须抓住以下3个关键点。

① 保持中等强度有氧。在有氧运动中，保持中等强度才能将体脂消耗达到最佳状态，过高的心率使用的基本上都是血糖，而中等强度的有氧运动会调用肌肉中大量甘油三酯来供能，这就好比混合动力车，一定的速度下汽车耗能更多的是电，而只用少量的汽油。中等强度的心率是最大心率的60%~70%。大家可以用以下公式粗略地计算下最大心率：最大心率=220－实际年龄。

② 控制有氧运动时间。之前探讨过减脂效果最好的是力量训练加有氧运动的组合，如果你做了力量训练后立即再做有氧运动，那么时间在30分钟以上即可达到最佳减脂效果，如果单纯做有氧运动，建议时长维持在45~60分钟，随着时间的推移，身体才会逐渐提升脂肪供能比例，到一定的时间区间后达到最佳。实际上当运动超过60分钟，燃脂依然在继续，脂肪供能依然占比最大，只不过此时肌肉降解风险增加，所以不建议大家做这么长时间的有氧运动。

③ 选择合适的运动方式。我认为减脂效果最佳的有氧方式依次是爬楼梯、游泳、骑自行车、椭圆仪、跑步。理由是爬楼梯的心率恰好能达到中等强度，不需要调节。游泳和骑自行车相比更为温和，不伤膝盖，但是需要个人控制好运动强度，当然最好还是根据自己的实际情况来选择。

52 空腹有氧运动真的对减脂有效吗

首先对空腹下个定义，连续7小时以上不进食就处于空腹状态。早上这个时间段都属于空腹，其余很难找到7小时内不进食的状态。

空腹有氧运动的原理在于，食物已经彻底转化为可利用的营养素，且肌糖原和肝糖原已经被大量消耗，此时因为胰岛素处于低水平状态，体脂消耗无法被抑制，所以会作为主要燃料来为身体供能，早上空腹进行有氧运动可以提高燃脂率，不仅是有氧运动，空腹进行力量训练同样可以提升燃脂效率，得出这个结论的前提是，至少要持续运动30分钟以上，高速燃脂效果才会出现。

当然也有人提出了反对意见，认为空腹有氧运动对于减脂没有什么作用，反驳的依据大概有以下三方面。

一是 空腹有氧运动产生的能量消耗只比非空腹多一点，并无太大优势，其实这个结论本身就证明空腹有氧运动消耗得更多了，为什么就不能承认空腹有氧运动的优势呢？好一点也应该算好吧。

二是 空腹有氧运动并不能抑制食欲，这是一定的，本来早上血糖就低，再加上活动代谢的消耗，食欲肯定要比吃了饭做运动强得多，其实在这种状态下更利于营养素吸收到肌肉中，提升基础代谢，所以这个论点并不能直接否定空腹有氧运动的燃脂效率。

三是 空腹有氧运动消耗的一半以上是肌肉中的甘油三酯并非体脂，我们摄入的脂肪会经过肠道剪切变成甘油分子进入靶细胞，至于进入肌肉还是脂肪细胞，取决于身体所处的能量环境，当你采用低碳低脂饮食法时，空腹有氧运动消耗更多的是体脂，而身体在使用甘油三酯时，体脂必须不断分解提供游离脂肪酸，这么看来空腹有氧运动的燃脂效率确实高不少。因此这种质疑不成立。

暴饮暴食后的第二天早上最好进行空腹有氧运动，原因是此时肌肉中的糖原储备下降，身体此时会不断分解体脂肪，将游离脂肪酸释放到血液中，形成甘油三酯，供肌肉使用，尤其是当我们采用中等强度的有氧运动时（最大心率的60%~70%），体脂消耗能够更加迅速，这个过程实际上是一个有效的补救措施，为的就是将暴食后脂肪累积的风险降到最低，进行对冲。

还有我们要注意对空腹有氧运动的时间进行把控，因为身体会随着运动时间的延长而分泌更多的皮质醇激素。皮质醇作为一种分解代谢激素，既能把脂肪以甘油三酯的形式带到肌肉中，又能降解肌肉为身体供能，所以我们建议空腹有氧运动的时间不要超过1个小时。

53 减肥后如何对抗反弹

我们从来不缺少好的减脂方法和产品，只要坚持，都会取得良好的减脂效果，那么好不容易将脂肪减掉了，如果反弹了怎么办？事实上不幸的是，减肥成功后，一旦恢复正常饮食，80%的人都会反弹。有的甚至是报复性反弹，体重比减脂前还要重，给自己的心理和生理造成了严重的负担。

尤其是有些女性减脂者，在反复减脂的过程中，出现了月经不调甚至是闭经的情况，而体重始终达不到想要的状态，去医院问诊后，医生给的建议一如既往："停止减脂好好调养身体"，那么我们真的就只能在减脂路上一直奔波吗？

减脂过后其实是一系列问题，首先我们需要进行顶层设计，整体规划，制定对抗反弹策略，建立一套全新的生活方式。

重建饮食模式

首先我们要摒弃一个观念——"我要恢复正常饮食"，所谓的正常饮食模式，就是你原来长胖的元凶，不然你为什么要改变它？

所以要重新建立新的饮食模式。这里我推荐大家采用地中海饮食模式，作为日常对抗反弹的饮食模式参考。“地中海式饮食”是指有利于健康的、简单、清淡以及富含营养的饮食。这种特殊的饮食结构强调多吃蔬菜、水果、鱼、海鲜、豆类及坚果类食物，其次才是谷类，并且烹饪时要用橄榄油等含有ω-3和ω-6的不饱和脂肪酸的油脂。地中海式饮食是以自然的营养物质为基础，包括橄榄油、蔬菜、水果、鱼、海鲜、豆类，加上适量的红酒和大蒜。

特点如下。

① 多吃植物性食物，包括水果、蔬菜、豆类和坚果等。

② 食物的加工程度低，新鲜度高，以食用当季和当地产的食物为主。

③ 橄榄油是主要的食用油。

④ 脂肪提供能量占膳食总能量的25%左右，饱和脂肪只占7%~8%。

⑤ 每天食用适量奶酪和酸奶。

⑥ 每周食用适量鱼类、禽肉和蛋类。

⑦ 少摄入甜食，尽量以水果代替。

⑧ 每月只食用几次红肉。

持续运动

规律的运动是对抗反弹的有效方式，大部分人减肥的成功都是借助运动得以达成的，身体已经适应了每日运动代谢的增加，因此停止运动意味着少了一部分热量消耗，增加了反弹的风险，而规律的力量训练和有氧运动则会让身体产生消耗惯性和记忆，能够有效地阻止反弹。我们可以这么理解，上了健身的这条“贼船”就别想着下来。没有一劳永逸，只有日新月异!

阶段发展

设定身材蜕变计划，不是只设定减脂目标那么简单，还要设定增肌目标，俗话说“增肌就是最好的减脂”，这句话是有一定道理的。这当然不是让你变成健美选手，而是通过增肌的方式，逐步增加身体的基础代谢，肌肉量的增加长远看能够很好的对抗反弹，并不是说增加的肌肉能够帮助你消耗特别多的热量，而是从本质上改变体质，提升身体胰岛素的敏感性和能量代谢能力。

增肌的环境是热量盈余，因此增肌时碳水化合物的摄入要比减脂期多，但不是一味的放纵，依然要选择GI值并不高的谷物作为碳水化合物的主要来源，同时还要严格控制蛋白质和脂肪的比例，脂肪的比例始终不能超过每日摄入总热量的25%，增肌时蛋白质的摄入比例可以适当降低，维持在20%左右即可。

剔除不良生活习惯

饮食上控制食用奶茶、甜点、火锅和精细碳水化合物、含糖饮料、精加工食物等。这些东西可以作为生活的调剂品，而不是高频食品。可能有人说，这样的生活一点乐趣都没有了，可这只是浅层次的乐趣。当你真正达到随意控制食欲的层次时，自然会无比开心！

运动上不要一味追求力量训练或有氧运动，二者要结合起来，偶尔还要进行一些户外活动，要多给身体一些新的刺激和新鲜感，让运动成为提升你生活品质的一部分，而不是每日要完成的桎梏。

睡眠方面，只要你每日保证7小时左右，基本就能保证身体的需求。

54 可以选择辟谷减肥吗？这种方式对健康有好处吗

辟谷的概念大家都不陌生，旨在治疗疾病，延年益寿。其做法是断食五谷，让人感到十分神秘。

辟谷到底怎么操作？有哪些误区

根据《千金方》记载，辟谷主要是断食谷类，减少肉类摄取，改善饮食结构的一种方法，而不是外界所传的什么都不吃，具体操作主要分为四类：服药、服气、服石、服水。

服药

吃做好的补药，类似健身补剂、保健品。成分主要是茯苓、白芷、人参、松子等，常常制成膏状和散状。

服气

锻炼呼吸方法，调节五脏六腑的气息，常与其他类型辟谷一起使用，而非什么都不吃。

服石

即服用一些矿物质丰富的药物，比如云母，古方中说服石辟谷还能治疗痔疮和淋病。

服水

就是喝一些尚好的山泉水，但是有的药书上记载这个水指的是酒。

辟谷对减脂和健康有好处吗

辟谷被发明出来的作用主要有2点：一是治疗某些疾病，二是养生益寿。主要理论依据是浸润六腑、荡涤五脏、行气活血，排除病气，加强自身的抗病能力。

辟谷肯定是能减脂的。辟谷中提倡的断食五谷和少食肉类，短时间内确实可以清除肠内的腐败物质，加强肠胃的消化吸收能力，从而消除了很多潜藏的疾病危险，抑制自由基的形成。但我们不提倡没有任何辅助手段的单纯的绝食之举，长时间的忍饥挨饿有损身体健康，不但起不到辟谷养生的效果，反而会引发疾病。

可以尝试辟谷吗

社会上有很多辟谷班夸大其词，绝对不可盲信、盲从，更不可相信其万能的作用。辟谷并非绝对不吃任何东西，其具体操作要在科学的指导下进行，以达到科学健身、延年益寿的目的。如果你真的想尝试辟谷，那么一定要在专业人士的指导下进行，在现代医学理论的指导下，安全健康地应用辟谷。

55 轻断食减肥靠谱吗

轻断食是一种比较流行的饮食法，由英国著名医生、BBC科学栏目制作人麦克尔·莫斯利发明并推广，是改良后的“间歇性断食”，掀开了全球轻断食瘦身革命的序幕。

轻断食具体操作方式有隔日断食法、5：2断食法、果蔬汁断食法和16小时断食法等。实际上这些断食法虽然名称繁多，但万变不离其宗，就是极低热量饮食法（俗称节食），只不过是阶段性使用而已。

这种饮食法摄入热量极低，一天总摄入量不超过600~800千卡，这么低的热量供给使身体不可避免地使用脂肪和氨基酸糖异生来供其使用，减脂效果肯定能保证，而且短期来看很明显。

但这种减脂法肯定是无法长期坚持的。身体在极端低热量饮食后大概率会发生过渡性补偿行为，所以极有可能染上暴饮暴食的恶习，另外间歇性断食会让基础代谢损失，因为没有足够的氨基酸摄入，肌肉在这种情况下会分解，掉的体重也许很多是肌肉，另外轻断食期间，身体承受的压力素是很大的，会导致微量元素过度消耗，比如矿物质失衡，从而产生各种不适应症状，比如月经不调、骨质疏松等。

研究数据显示，轻断食后血糖和血脂等指标确实改善了很多，然而另外一些指标，比如尿常规和肝功能指标也许就不那么理想了，只不过支持者不说而已，所以不能就某一类指标变好大肆宣扬，而有选择地忽略另一类指标变差的事实。

所以我的建议是，如果体脂确实很高，短期，比如用几周，采用轻断食迅速降重是一个不错的减脂策略，之后必须过渡到新的减脂方法，比如运动+地中海饮食等，保证可持续性和可操作性健康减脂。

56 什么是间歇性饮食法

间歇性饮食法也叫轻断食饮食法，这种方法已经被官方公认为有效的减脂方法之一。

间歇性断食的特点在于，并不是一直不进食，而是在禁食一段时间后再开始恢复饮食，这种饮食模式对大脑和消化系统影响不大。还有研究表明，短时间的进食能够促进记忆力和注意力的提升，并且能够促进消化机能和改善肠道菌群。

间歇性断食能够让体重和体脂率迅速下降，身体内血脂指标恢复正常。

在这些研究中还有一点非常重要，就是细胞自噬性。所谓自噬就是自身一些损坏的蛋白质或细胞器被自噬小泡包裹，并与溶酶体融合形成自噬溶酶体，降解其所包裹的内容物的过程，藉此实现细胞本身的代谢需要和某些细胞器的更新。除此之外，间歇性断食还可以提高生长激素水平，提高系统的敏感性，可见间歇性禁食对于身体肌肉合成有促进作用，这对于想增肌的人群确实是个福音。增肌效果不明显的小伙伴可以先利用这个方法激活一下身体蛋白质代谢环境，再进入新一轮增肌期，也许就能突破平台期。

间歇性禁食操作方法举例如下。

第一周	适应阶段。第一天正常吃，第二天吃第一天总热量的3/4，第三天正常吃，第四天吃总热量的3/4，第五天正常吃，第六天吃总热量的3/4，第七天正常吃。
第二周	加强阶段。第一天吃总热量的1/2，第二天正常吃，第三天吃总热量的1/2，第四天正常吃，第五天吃总热量的1/2，第六天正常吃，第七天吃总热量的1/2。
第三周	强化阶段。第一天正常吃，第二天吃总热量的1/4，第三天正常吃，第四天吃总热量的1/4，第五天正常吃，第六天吃总热量的1/4，第七天正常吃。

第四周 冲刺阶段。第一天只喝水，第二天正常吃，第三天只喝水，第四天正常吃，第五天只喝水，第六天正常吃，第七天只喝水。

在任何一周中，碳水化合物摄入比例不得低于50%，日摄入能量不可超过基础代谢+活动代谢总和太多。

恢复阶段。这么一个月下来，身体会发生巨大的变化，在恢复正常饮食前，我们需要花几天时间调整，注意千万不要暴饮暴食，以高GI碳水化合物摄入为主，比如精米精面，少吃蛋白质和脂肪，目的是缓解消化道之前承受的压力，一周过后，可恢复正常饮食。

57 咖啡该怎么喝减脂效率更高

咖啡含有咖啡因，在减脂方面，咖啡因可以增加肌肉中甘油三酯的氧化效率，在运动方面，咖啡也能够提升运动表现，通过神经中枢系统，重新激活疲劳神经感知单元。当我们感到累时，来点咖啡提神就是这个原理。

咖啡最佳摄入量

每个人对咖啡的反应是不一样的，对于经常健身的人群，每千克体重摄入不超过3毫克咖啡因，这个量对于减脂和运动表现提升有着积极的效果，而超过这个量，则会出现反作用，降低耐力水平。以一个体重70千克的成年男子为例，咖啡因最多摄入210毫克，相当于一中杯美式咖啡的量。

咖啡最佳摄入时间

咖啡因吸收的速度极快，药物代谢动力学显示摄入1小时后血液浓度能达到峰值，因此一般补充方法是在运动前1小时喝咖啡。但实际上，我们只需要在运动开始前半小时内补充就可以了，毕竟运动时间至少在1小时以上。这样操作带来的好处是，当我们进入最佳运动状态时血液中咖啡因浓度达到峰值，当然也可以完全不考虑这一点，因为咖啡因的分解代谢比较慢，在身体发挥作用的时间可以长达6小时，足够运动所需了。

咖啡副作用

有人对咖啡因会产生过敏反应，如心跳加快、颤抖、头疼和失眠，甚至导致无法顺利进行运动训练，当出现这种情况时，就不要摄入含咖啡因的饮品了。但有一种咖啡的替代品也能起到咖啡同样的作用，那就是瓜拉那，对咖啡因过敏的人群，可以尝试下。

58 辛弗林能减脂吗

辛弗林的概念

辛弗林是一种被分离出来的胺，也可理解成一种生物碱，可作为血管收缩剂、支气管扩张剂、肾上腺素的拮抗剂和降胆固醇剂。

辛弗林对减脂的作用

辛弗林在柑橘的果皮及可食部分均有分布，在未成熟的枳实中检测到辛弗林含量为2.31mg/g，在将近成熟的果实中为1.63mg/g。

动物实验表明，辛弗林作为减肥促进剂，其作用机理是刺激肾上腺素受体而发生脂质分解以及随后产生的生热作用。概括起来讲，即生物碱类物质辛弗林具有提高新陈代谢、增加热量消耗、提高能量水平和代谢、产热、氧化脂肪、抑制食欲等功效，有利于减脂。

至于辛弗林在临床上的减脂效果还没有非常明确的证据。

吃辛弗林有否副作用

辛弗林具有与肾上腺素相似的结构，会让人产生兴奋，有大量文献报道辛弗林具有显著的升压效应，可以加强心肌收缩力，减慢心率和增加心输出量，增加冠脉流量，增加肾血流量。

由于辛弗林对肾上腺素有刺激作用，所以患有严重高血压、快速性心律失常等疾病的患者应避免使用辛弗林。辛弗林有可能造成周期性偏头痛和原发性头痛。

虽然辛弗林还没有足够多的临床实验证据证明其安全性，但严谨地说辛弗林总体上还是很安全的。

能否选择吃辛弗林减脂

作为一种食品添加剂，辛弗林已经广泛应用于医药、食品、饮料等保健行业。如使用于糖果、蛋糕、饼干、方糖块、营养品、袋泡茶制作等，它还可用于饮料中，如茶、咖啡、营养和运动型饮料，也可以用在化妆品行业，如防晒霜、保湿露、润肤霜、洗面奶、唇膏等。

很多和橘子有关系的产品，可能都含有辛弗林。

健康人群每天摄入10~20毫克辛弗林是很安全的。

如果你身体健康，又想快速减脂，完全可以尝试服用辛弗林，建议到正规厂家购买辛弗林的相关营养补剂产品。

59 减脂食谱举例

这里我们给出一个减脂食谱举例，这份食谱的营养特点是“低碳低脂高蛋白”，碳水化合物、蛋白质和脂肪的比例分别为50%、35%和15%。食材选用低GI值的天然饮食，加工工序简单，可最大限度保留食材的营养，减少烹饪过程中有害物质的产生，本减脂食谱的总热量为1500千卡左右，利用本食谱可以制造200~500千卡的热量缺口，尽管为了达到减脂目标，宏量营养素可能摄入不足，但维生素和矿物质则得到了充分的保证，既保证了健康又保证了减脂效果。

餐型	食谱	做法
早餐	菠菜鸡蛋三明治	全麦吐司2片、鸡蛋1个、菠菜150克、生菜50克、蛋黄酱10克、鸡蛋煮熟切开，菠菜焯水切小段，吐司烤熟平铺夹食材即可
午餐	龙利鱼意面	1. 意面30克煮熟备用； 2. 龙利鱼200克切小块蒸熟备用； 3. 西兰花100克切小朵焯水1分钟备用； 4. 胡萝卜50克切丁焯水1分钟备用； 5. 西红柿切块200克备用； 6. 准备橄榄油10克、白砂糖5克、盐、葱、姜少许； 7. 烧橄榄油，下西红柿和调料，翻炒成汁水，将1、2、3、4放入盘中，浇汁拌匀即可
晚餐	土豆蘑菇沙拉	1. 炸腰果10克备用； 2. 土豆150克切片，用橄榄油10克加蒜末爆香炒熟备用； 3. 荷兰豆100克水煮2分钟捞出备用； 4. 胡萝卜50克切丁水煮2分钟捞出备用； 5. 西兰花50克切朵水煮2分钟捞出备用； 6. 杏鲍菇100克切片水煮2分钟捞出备用； 7. 将以上食材放入碗中拌匀加30克千岛沙拉酱即可

（续 表）

餐型	食谱	做法
运动后餐	蛋白粉 1 份 + 全麦面包 1 片	1. 蛋白粉 1 份与 300ml 水混合成饮料； 2. 运动后半小时内进食； 3. 睡前半小时服用综合维生素补剂 1 份

60 什么是水果减脂法

减脂界也有一个耳熟能详的减脂法：水果减脂法。

“减脂奇效”

水果减脂法能使人在短时间之内体重快速下降，减脂效果立竿见影。适用于短期美体目的的人使用。

为什么短时间内体重会快速下降呢？原因有三方面：一是产生了极大的能量缺口，热量缺口一出现，身体能量亏空，会利用存储的脂肪和肌肉组织分解来供能；二是影响体内钠和钾矿物质的含量，主要利用钠和钾在体内互相拮抗平衡的原理，避免水肿，使得身体携水能力下降，从而导致体重下降；三是可以使工作负担较重的消化系统进行彻底的“放假修整”，有利于消化系统的重新激活。

减脂副作用

水果减脂法虽然起初见效很快，但到后期对身体的毒害作用就会越来越明显。基础代谢下降，头晕恶心、身体乏力，肌肉松弛，指甲软、掉头发、甲状腺出问题等。这是因为碳水化合物和蛋白质摄入不足导致的，这些宏量营养素不足会促使身体利用脂肪供能，也会分解自身的肌肉组织供能，这就导致基础代谢下降，而能量的不足也会让生殖系统受到损伤，比如月经不调等，再加上钠摄入不足，导致血压也会出现问题，另外，脂肪摄入不足会加速激素系统出现问题，使免疫力大幅下降。此外，虽然吃水果能够补充一定量的矿物质和维生素，但毕竟范围有限，尤其是一些特定的矿物质（如锌元素）很难得到补充。

水果选择

多选择含膳食纤维高、热量低、维生素丰富，且抗氧化能力强的水果，推荐下列水果来操作：葡萄、苹果、草莓、蓝莓、树莓、猕猴桃、橙子、火龙果、香蕉、柚子、石榴和西红柿等。而菠萝、榴莲和柿子建议不要选择，榴莲热量高，吃多了起不到效果，而菠萝和柿子则会对胃造成损害。

有人为了图省事，觉得榨汁喝比较方便，但榨汁过程中会除掉那些果肉和纤维素，这样摄入的物质更少，身体消化加快，会产生严重的饥饿感，同时也会对胃黏膜产生一定损害。

能量选择

每日水果摄入不应低于1000千卡。如果摄入热量太少，会出现晕厥等问题。

使用时间

要把时间算准，记住整个周期不得超过80个小时，这是一条安全警戒线，若超过了，身体可能就有健康风险了。

水果减脂套餐配方举例。

早上 2个苹果、1个猕猴桃、10颗蓝莓

加餐 1个火龙果

午餐 5颗草莓、1个西红柿、1根香蕉、1个橙子

加餐 1串葡萄

晚餐 树莓10颗、柚子半个

PART 3

增肌营养问答：强壮的营养策略

1 增肌该吃什么

增肌总原则

热量消耗小于热量摄入，即热量盈余。

增肌饮食法

2种增肌饮食模式送给大家，以供参考。

① 高碳水化合物、高蛋白质、低脂肪饮食法（传统增肌饮食法）。碳水化合物选用复合型（纤维含量高）碳水化合物，如大米、燕麦、红薯、糙米等；高蛋白质：蛋清、鸡胸肉、金枪鱼等；优质脂肪选用以亚麻籽油和坚果为主的人体必需脂肪酸，同时要抓住运动后即刻摄入蛋白质和碳水化合物混合物的营养窗口期。这种方法好处是高碳水化合物刺激胰岛素的分泌，使身体快速增重，缺点是脂肪也会增加。

---

② 合成代谢法。这是目前很多健美爱好者和运动员采用的方法，这种增肌方法在减少身体脂肪的同时不影响瘦体重增加。做法如下：一周7天，其中5天碳水化合物摄入比例最多10%，蛋白质30%~40%，脂肪50%左右；另外2天时间不限制碳水化合物的摄入量，碳水化合物最好选用复合型碳水化合物。这种方法最大的特点是可以很好地提高胰岛素敏感性，促进睾酮和生长因子工作，使得身体处于最佳合成代谢状态。弊端就是也许你受不了低碳日产生的情绪低落和身体不适。

2 增肌如何设定能量盈余

曾有一个真实的案例。一位身材非常棒的男教练，练就了清晰的六块腹肌，然而他并不满足，在坚持了一年多的增肌之路后，患上了反流性食管炎。和他仔细聊天后发现，原来为了增肌，他不顾身体是否能够适应，强行加大热量摄入，胃肠消化负担过重，最终导致患病，患病后，暴瘦10千克，原来健美的肌肉也一去不复返，被疾病折磨得不成人形，导致无法工作。

所以增肌设定热量盈余不能搞大跃进，不能操之过急，那么如何设定能量盈余呢?

如果想要每周增加500克肌肉，大约需要每天增加500千卡，相当于一顿早饭或者两三次加餐的能量。从蛋白质角度来说，还需要每天增加12～15克蛋白质来配合增肌，大约是2杯牛奶（250毫升）或者2个鸡蛋提供的优质蛋白数量，或1个鸡蛋加1杯牛奶。

所以，如果每天只是健身锻炼1～2小时，增加的能量不宜超过500千卡，也不需要吃太多鸡蛋。女性每天增加200～300千卡就可以了，在原本蛋白质摄入比较充足的饮食基础上，只需额外增加1个鸡蛋和1杯牛奶即可。对本来身体瘦弱消化不良的人来说一下子增加太多食量，会让他们的消化系统不堪重负，若胃肠消化负担过重，反而不利于增肌。

3 如何增肌不增脂

夏天是减脂的好时机。当然，我们最关心的是那些辛辛苦苦减掉的脂肪，怎么样才能不要在下一轮的增肌周期中再被毁掉，那么我们该怎么做才能增肌不增脂呢?

今天给大家介绍一种非常有效的碳水化合物+蛋白质循环饮食法供大家在增肌时参考。以时间轴来介绍这套增肌方法（该增肌法是在Chris Aceto增肌法基础上的修改）。

第 1 周

训练： 本周设定5天训练日，2天休息日，训练日和休息日可以根据自己的情况进行调整。

饮食： 在训练日时，每日设定热量盈余300~500千卡，碳水化合物按照4克/千克体重摄入，碳水化合物的摄入尽量保证在白天完成，蛋白质的摄入按照1.8克/千克体重摄入，其余热量由脂肪来补充，脂肪建议长链脂肪酸与短链脂肪酸搭配使用。在休息日，碳水化合物则降至2克/千克体重，蛋白质和脂肪摄入不变，这意味着休息日的摄入热量明显降低。

第 2 周

训练： 本周依然设定5天训练日，2天休息日。但本周的训练强度要比前一周大。

饮食： 本周抽出2个训练日，建议抽大肌肉群训练日，如蹲腿日和练背日，在这2个训练日中，进一步提升碳水化合物摄入量，碳水化合物按照5克/千克体重摄入，分4餐以上完成，尤其是注意运动后即刻这一餐，必须摄入碳水化合物。蛋白质摄入量同样进行相应提升，按照2克/千克体重摄入。其余3个训练日以及休息日的饮食摄入保持与第1周一致。

第 3 周

训练： 本周依然设定5天训练日，2天休息日。但本周的训练强度继续在上一周的基础上提升。

饮食： 本周继续提升碳水化合物摄入量，将5个训练日全部按照碳水化合物5克/千克体重摄入，蛋白质按照2克/千克体重摄入。休息日饮食摄入保持与第2周一致。

第 4 周

训练：本周依然设定5天训练日，2天休息日。本周的训练强度要降低，同时选择2~3天增加有氧运动。

饮食：由于已经连续3周保持了充足的碳水化合物和蛋白质摄入，身体肌肉中已经充满了糖原。众所周知，碳水化合物盈余会导致胰岛素上升，虽然完美地满足了增肌需求，但也会让体脂飙升，因此本周要执行低碳饮食进行对冲，将积累的脂肪进行燃烧。本周训练日的碳水化合物摄入降至与上几周休息日相同，即碳水化合物2克/千克体重，而蛋白质维持在1.6~1.8克/千克体重。在休息日，进一步降低碳水化合物的摄入，减到1克/千克体重，蛋白质摄入则升为2克/千克体重。由于本周采用低碳饮食进行减脂调整，因此每日设定300~500千卡的热量缺口。

4周后继续以上循环。

4 健身者摄入多少蛋白质合适

身体的蛋白质一直处于一种动态平衡中，旧的蛋白质被破坏分解，新的蛋白质被不断合成。减脂期最大的特点是身体热量的亏损，在这样的大环境下，身体不可避免地要利用一些蛋白质参与到提供能量的活动中，蛋白质的流失会造成基础代谢的下降，为了尽可能地避免这种情况的发生，我们必须补充足够的蛋白质。

蛋白质摄入量一直是运动营养里最具争议的话题。健身者在减脂期间为了最大限度保留肌肉不流失，蛋白质摄入往往超过了RDA推荐摄入量（0.8克/千克体重）的数倍。

而你到底适不适合摄入更大量的蛋白质？这要根据个人体质而定，不能盲目跟风。因为每个人都有代谢差异，也许你摄入大量蛋白质就不出问题，其他人大量摄入就会承担很多风险。

减脂期该摄入多少蛋白质呢

RDA的推荐量为0.8克/千克体重，这是一个没有参加任何高强度活动的正常成年人的摄入量，这个量能保障他的日常氮平衡，确保肌肉不流失，而我国的健康成人蛋白质推荐量则是1~1.2克/千克体重，但如果其参加了运动，蛋白质摄入量一定大于这个量。

幸运的是，已经有很多学者在此做了很多工作，大量的研究将健身或运动人群的蛋白质摄入推荐量集中在1.3~2克/千克体重。

可这是一个非常大的范围。到底你是吃1.3克还是2克呢？高点低点该如何判断？

我将自创的“4如果”蛋白摄入评价法则推荐给大家，帮助你探索自己到底要吃多少蛋白质。

---

① 如果你每日摄入热量有缺口，请提高蛋白质摄入量，反之降低。

② 如果你采用低碳饮食，请提高蛋白质摄入量，反之降低。

③ 如果你安排了抗阻力训练，请提高蛋白质摄入量，反之降低。

④ 如果你选择的蛋白质质量高，请降低蛋白质摄入量，反之提高。

关于蛋白质摄入的探讨

无论增肌和减脂，我们常听到一句话，“你要摄入高蛋白……”可实际操作起来，非常迷茫。有的人一早可吃掉10个鸡蛋，一天喝数杯蛋白粉，甚至还吃一大块三文鱼，这么做到底对不对？我们到底该如何摄入蛋白质才能满足增肌或者减脂的需求？选择什么蛋白质？摄入量到底是多少？

营养学里有个概念叫氮平衡，氮就是氨基酸的基本元素，而氨基酸是蛋白质分解后的产物，人体会出现两种状态：一是负氮平衡，就是蛋白质摄入不足，人体代谢自身蛋白质产生肌肉流失，导致消瘦，所以我们追求减脂不追求减重，减重有可能是肌肉流失；另一种是正氮平衡，也就是摄入的蛋白质足够身体代谢还能使肌肉增长，肌肉增长有很多好处，让体形健硕，提高基础代谢等，让我们拥有更强健的体魄，所以无论增肌还是减脂，我们都要追求正氮平衡这种状态。

正氮平衡是由摄入的热量和蛋白质两方面因素决定的，如果在增肌期摄入的热量足够，蛋白质则无需过多摄入，而在能量不足的减脂期，蛋白质就需多摄入。

运动新手无论增肌还是减脂就牢记1.4克/千克体重或1.3克/千克体重这个数据。

如果你是运动老手，已经运动了一段时间并且有严格的训练计划，可参考如下数据：

增肌期：蛋白质摄入1.4~1.8克/千克体重，

减脂期：蛋白质摄入1.8~2克/千克体重。

按照某人体重69千克来看，减脂期，采用1.8克/千克体重这个量摄入，一天摄入124克蛋白质。

蛋白质选择：蛋白粉快捷经济而且易于衡量，常规可选择鸡蛋、鸡胸肉、虾、鱼、瘦牛肉、豆腐等。

5 生物价——教你如何高效选择蛋白质

想要增肌的人会发现，有人吃的蛋白质没你多，肌肉却比你长得快。其实除了训练方式的因素外，还有可能是你选择的蛋白质不对，今天带大家了解一个相对陌生的概念——生物价，让你成为选择蛋白质的高手，比别人会吃。

不同食物的蛋白质含量不同，氨基酸含量也不同，动物蛋白和植物蛋白存在明显差异，鸡胸肉的蛋白成分和大豆蛋白成分是不同的。

很显然，食物中所含的氨基酸与人体氨基酸越相似，对人体越好，那么这种食物中蛋白质的生物学价值越高，简称生物价，所以生物价是衡量食物中的蛋白质在多大程度上可以转换成人体需要的蛋白质的方法。生物价的基准值是一个完整的鸡蛋所含蛋白质的价值，这里规定其生物价是100。

如果身体摄入一种食品，其蛋白质含量比基准值少，但能维持身体氮平衡，这种食品的生物价就比100高，换句话说，生物价大于100的食品所含人体必需蛋白质含量高于鸡蛋。

所以蛋白质应优选生物价大于100的食物，常见食物的生物价：乳清蛋白粉104、金枪鱼92、牛奶91、牛肉80、土豆71、玉米54、小麦粉54。

所以我们在选择蛋白质时，一般都会选择既经济又高效的，原因就是和生物价相关。另外日常生活中食物的摄入并不是单一的，所以这些食材组合起来的生物价也不一样，比如土豆和鸡蛋6：4组合的食材生物价高达136，这是实验室测定的最大数据，实际上营养学界推荐吃土豆和鸡蛋的混合物就可以满足增肌需求，1千克土豆和2个鸡蛋，大约是40克纯蛋白质，就能满足你的增肌需求，这就是生物价的价值。

6 增肌时为什么不需要摄入大量蛋白质

健身爱好者通常很喜欢高蛋白饮食。但高蛋白不是恒久不变的，前面多次提到过减脂期要多摄入蛋白质，而增肌期则无需摄入太多的蛋白质，增肌期摄入太多的蛋白质反而会影响增肌效果。为什么？这就要从合成代谢效应说起了。

增肌的本质是，肌肉经过有效的刺激，配合足够的氨基酸进行代谢合成。这个过程是复杂的，若想让肌肉进行合成必须让身体处于一定的激素环境。而睾酮、生长激素和胰岛素样生长因子（IGF-1）与增肌有着直接的关系。

如果你不想使用外源激素增肌，那么有必要了解饮食是如何影响这些激素的。

大量摄入碳水化合物时，体内的胰岛素水平会上升，IGF-1对于合成代谢十分重要，它的增多会让肌肉收到合成信号，因此碳水化合物在增肌中扮演着重要的角色，但是碳水化合物摄入过多，反而会因为胰岛素的作用，导致脂肪增加。因此为了最大限度的增肌不增脂，健身者通常会选择碳水化合物循环法来规避这个问题。敏感性高的健身者更容易增肌，所以有些健身者会外用相关药品来提高胰岛素敏感性。

大量摄入脂肪可以提高睾酮的分泌，饮食中的脂肪被认为是肥胖的元凶，然而实际上它却在促进自然分泌睾酮方面立下了巨大的功劳。文献表明，多摄入脂肪可以提高睾酮分泌水平，但在摄入脂肪时要注意饱和脂肪酸和不饱和脂肪酸的比例和质量。另外，高脂肪的摄入还会促进甲状腺激素T4的水平升高，也有利于增肌。

大量摄入蛋白质时，可能会使体内的游离睾酮水平下降。但也有一个好处：锌与镁元素相对充足，这两种元素会促进睾酮的保留，而如果这两种元素缺乏，体内的睾酮会更多地转换为雌性激素。所以增肌期无需摄入太多蛋白质，但为了让锌、镁元素充足，可以多选择海产品作为蛋白质来源。

由此可以得出一条重要启示：增肌期应该采用高脂肪碳水化合物循环和均衡蛋白质的营养策略，这是想自然增肌的健身爱好者比较合理的选择。

7 长期执行高蛋白饮食可行吗

作为健身爱好者，高蛋白饮食已经深入内心，而高蛋白饮食确实会为身体带来诸多好处，但是任何事情都过犹不及，如果你已经执行了很长时期的高蛋白饮食，那么是时候停下来将蛋白质摄入量降低。

当长期执行高蛋白和脂肪饮食时，体内的代谢产物是酸性的，同时在长期减脂的过程中，脂肪的分解过程会产生酮体等代谢物，糖的代谢又会诱发糖酵解，加之力量训练时，也会产生大量的乳酸，以上这些物质在体内的累积会使得体液中的酸性物质增加，虽然酸碱体质的谣言早已经被击破，但是酸性物质代谢的增加，会促使疲劳的产生。健美运动员赛前是不会吃大量的氨基酸和蛋白质的，大量地补充蛋白质会使得血氨增加，消耗丙酮酸，使得疲劳提前到来。

有些健身爱好者，有时候会莫名其妙地感觉状态不佳，尽管反思饮食、训练和休息都没有太多问题，但整个人就是感到特别疲劳，此时，更多的人认为是碳水化合物的控制导致的原因，而忽略了蛋白质长期过量摄入产生的疲劳效应。

此外，蛋白质时刻保持充足供应，使得身体适应了当前状态，这对增肌没有太多好处，所以同样要为身体制造一些蛋白饥荒，使得身体能够意识到“氨基酸”库危机。下一次补充大量蛋白质时，身体能够对这些蛋白质进行超量利用，这样会产生更好的增肌效果。

综上，在执行高蛋白饮食一段时间后，我们要对身体进行一次调整，采用低蛋白饮食的模式，引入更多的蔬菜，如黄瓜、萝卜、海带、杨桃等蔬果，让身体有更好的抗疲劳能力，同时为下一次增肌打好基础。

8 健身吃大量鸡蛋会导致胆固醇偏高吗

健身减脂的朋友都知道，要采用低碳水化合物、高蛋白饮食，所以我们常看到很多人都在疯狂地吃鸡蛋，一天十个二十个，有的甚至更多。

人体70%的胆固醇来自肝脏分泌，30%来自食物摄入。胆固醇有好胆固醇（HDL-C）和坏胆固醇（LDL-C），好胆固醇是身体代谢的重要原料，所以适当摄入胆固醇对身体有好处。

一项被引频次极高的研究表明摄入鸡蛋的量、频率和次数对身体胆固醇的影响非常微弱。

而鸡蛋内的营养物质非常丰富，能为人体带来不少好处，抛开蛋白质不说，蛋黄中含有丰富的卵磷脂、胆碱、叶酸、B族维生素和维生素D及ω-3。以上物质为人体代谢所必需。

所以减脂期大家可以放心大胆地吃鸡蛋。如果你还是觉得蛋黄无法接受，那么一天吃1~2个蛋黄完全没问题。

需要提醒的是，我们一定要注意饱和脂肪酸的摄入量，不可过多，因为这才是坏胆固醇（LDL-C）升高的元凶！

9 如何估算食物的重量

要想做到最大限度地增加肌肉，最小限度地增加脂肪，除了之前提到的饮食方法，还要掌握一个重要的技巧：估算食物的重量。

健身者每日避免不了计算食物的重量，当然最佳的方法是使用食物秤来称重，再配合食物库中热量对照表，这样可以精确地计算你摄入的热量。

在我国，人们做饭用秤都感觉很麻烦，但是在欧美等国家，大家在做饭时会经常用到食物秤，这也是长久以来的习惯。而健美这项运动就来自西方，所以在这种背景下，做饭用秤衡量就是自然而然的事情。

这个问题的根源在于东西方文化的不同和生活方式上的不同，我们更习惯用估算的方式来解决问题，比如：盐和鸡精少许……显然估算的方式有很多好处，效率高，节约时间。但估算毕竟会出现误差，所以这也是估算的硬伤，一旦误差太大，估算就失去了意义。

曾经在王府井百货有位传奇的卖糖果的老售货员张秉贵，他因为“一抓准”的抓糖技术全国皆知，如果他那个时代有移动互联网，绝对是第一代“网红”。我们在感叹其能力时，其实忘记了你自己也有这样的潜力。

怎么练就自己一抓一准的能力呢？还是要找一个秤，平时吃饭时养成称重食物的习惯，称完后看看刻度，然后用手掂一下，记住相应的重量。

举例：将一个200克左右的苹果，你先放在手中反复掂量。之后再称200克米饭，放在手中反复掂量，然后再称200克鸡胸肉放在手中反复掂量，以此类推。这样200克这个重量在你的肌肉中形成了越来越强的记忆，以此为参照，你会很清楚每种食物比200克多还是比200克少，同时不要忘记眼睛这个重要器官，记住200

克食物的模样，以后看一眼就能知道食物重多少。

手能解决大部分食物重量的问题，但有一种东西却无法用手来估重，那就是食用油。

如果不是你自己做饭，你根本不知道这顿饭放了多少油。所以你要练习眼力，看这份菜的油亮程度及反光表现，菜越油亮反光越明显，说明用油量越多，反之，如果菜品用油量少，基本上也看不到什么反光。这样食物热量基本就有所控制了。

10 乳清蛋白粉能不能加热

乳清蛋白粉是一种营养丰富的重要食品，它不仅容易消化，在机体内具有很高的代谢效率，还含有很多生物活性物质，可发挥一定的功能特性。因此，其被广泛地使用以提高食品的质地和营养价值，不仅仅是健身爱好者选择乳清蛋白粉，甚至在婴儿配方奶粉中都可以看到乳清蛋白这种成分。近年来，食品厂商也常将乳清蛋白粉用于酸乳制品中，以用来改善酸乳的品质、质地结构以及营养成分等。

乳清蛋白加热可形成热诱导性凝胶，并保持大量水分。这个特性在食品工业领域被称为成胶性，一般乳清蛋白粉是由分离乳清蛋白（WPI）和浓缩乳清蛋白粉（WPC）组成，如果将这种蛋白粉加热至70℃以上就会使蛋白粉凝固成胶，在成胶作用过程中，乳清蛋白形成一种网络结构，使水分镶嵌在其微小的空隙中。因此非常适合做食品添加剂。而乳清蛋白粉加热后并不影响其营养成分，在胃中的消化过程依然被分成不同的氨基酸片段，被人体氨基酸库所利用。

用乳清蛋白粉做松饼正是利用了其成胶性，做出的松饼既提升格调又能补充蛋白质。但是如果你选择用热水冲，它成胶的特性会让蛋白粉结块，不仅影响到饮用的口感，还增加了其消化的难度，失去了其快速方便的特性，因此不推荐这么做。不过有些健身者在冬天不喜欢用凉水冲，那么你可以用40℃以下的温水冲，这时候乳清蛋白粉不会结块，既保证了温度又保证了吸收速度。

11 增肌者的脂肪补充策略

我们都知道，健身的目的是为了能够增加瘦体重，减掉更多的脂肪，脂肪是在细胞的线粒体中进行燃烧的，而脂肪燃烧需要一种酶，为了提升脂肪酶的活性，脂肪需要存储在肌肉中，而非脂肪细胞中。

摄入脂肪的选择

脂类是形成细胞膜的重要物质，在新陈代谢的作用下，细胞膜会利用新摄入的脂肪进行更新。如果亚麻酸的摄入比例增大，比如二十碳五烯酸（EPA）和二十二碳六烯酸（DHA）的摄入，可以更好地提升细胞对炎症和前列腺素级联反应，换句话说，在大量的运动过后，免疫力会短暂下降，而如果亚麻酸摄入足够，即便是身体产生了炎性反应，也会比正常人恢复得快，尤其是女性，这类脂肪的摄入可以显著改善痛经的情况，因为痛经和前列腺素级联反应相关。

由于我们平时摄入的饱和脂肪酸和亚油酸比较多，而亚麻酸摄入则相对较少。当身体使用这类不常见的脂肪作为能量补给时，细胞会对脂肪利用能力发生变化，这就是吃优质脂肪有助于减脂的原因。

因此，选择摄入的脂肪要格外注重亚麻酸的补充，如EPA和DHA，这不仅可以提高脂肪的利用率，同时能够提高自身抵御各类炎症的反应，比如滑囊炎、肌腱炎等。

脂肪摄入量

至于脂肪的摄入，实际上并没有明确的答案，况且我们在日常膳食时并不是做实验，只要将脂肪摄入量控制在合理范围内即可，对于健身人群，通常脂肪的摄入量不应该超过总热量的30%，而这30%当中，至少有10%是由亚麻酸来提供的。

最后我想强调一点，对于健身人群，如果没有特殊的需求（如参加健美比赛），脂肪的摄入不宜过低，否则会对体内的激素环境十分不利，尤其是对想增肌的人来说更应该注意脂肪的摄入。

12 增肌时为什么会出现水肿

水肿的原因有很多，如心源性、肾源性、肝源性等疾病，但无论是哪一种，都和一种激素密切相关，它就是醛固酮。

醛固酮可促进钠和水的吸收及钾离子的排泄，当醛固酮分泌增多时可以锁定钠离子和水，造成水肿，而醛固酮分泌减少就会导致钠离子和水排出。也就是说，它的作用是为了维持细胞外液量和循环血量的稳定。所以，如果我们平时吃得口味很重，醛固酮就会拼命吸收钠离子和水，相反，若吃得口味淡一些，它就处于低水平工作状态，也就不会吸收那么多钠和水。健美运动员正是利用它的这一特性，在备赛前脱盐，让皮下水分排出，从而使皮脂收得更干。

因此，我们在增肌时，要记住压制体内的醛固酮，从而让你的体重不会出现因为水肿而突然增长的情况。那些暴饮暴食的朋友们，你们无形中让身体分泌了大量的醛固酮，这就是体重突然增长迅速的原因所在。

13 贴秋膘如何增肌不增脂

贴秋膘这个风俗习惯也是祖辈养生的方式，经历苦夏之饥，迎来秋收之饱，正好和欧美流行的增肌减脂异曲同工，经过10周左右的减脂，然后开始15~20周的增肌，之后循环往复，通过这样的方式塑造完美的身材。

秋季贴秋膘和增肌期配合起来是最好不过了。

怎么贴秋膘才能增肌不增脂？其实这是不可能的，因为增肌的代谢环境是热量盈余，脂肪积累是一定的，但是我们能够让肌肉增长得比脂肪多，那么增肌的目的就达到了，等到下个减脂期再将多余脂肪减掉就会得到形态更好的肌肉和身材。

在贴秋膘期营养摄入要注意以下几方面。

一是　摄入高质量碳水化合物。在之前减脂期推荐的碳水化合物基础上扩大高GI碳水化合物的摄入比例，增选大米、小米、黄黏米、莜面、意大利面作为增肌时的碳水化合物，而不是披萨、汉堡、蛋糕等高热量食物。

二是　适量摄入高质量蛋白，如鸡胸肉、鲅鱼、巴沙鱼、海带鱼、牛奶等乳制品，蛋白粉、金枪鱼等，注意家禽和鱼类最好选用新鲜的食材。增肌期由于碳水化合物充足，可适当降低蛋白质的摄入量，每日每千克具体摄入量可参考之前讨论蛋白质的章节。

三是　严格摄入高质量脂肪。增肌期热量盈余的大环境主要是碳水化合物摄入量增高所致的，而不是多余的脂肪，很多人在增肌期摄入大量脂肪，这是错误的。增肌期摄入食物的质量决定了增肌的质量，而脂肪摄入依然是被严格控制的，与减脂期的摄入模式没有任何区别，以不饱和脂肪酸为主，尽量选择含有ω-3的优质脂肪（如海鱼、亚麻籽油、菜籽油等）。而饱和脂肪酸的摄入（如动物脂肪）一定要严格控制。

四是　注意增肌营养窗口期。三个增肌窗口期必须注意，训练前半小时摄入高GI碳水化合物和高质量蛋白质的混合物，训练后立即摄入高GI碳水化合物和蛋白粉，训练后2小时再次摄入高GI碳水化合物和蛋白质。其他时间段严格按照减脂期碳水化合物和蛋白质摄入方法执行。可能有人不赞同营养窗口期的说法，但已有大量研究倾向于抓住营养窗口期，多注意终究没坏处。

所以对于贴秋膘，想追求完美身材的各位健身者们，传统的“贴膘法”并不一定适合你们，注意以上几点贴膘方法，才能增肌不增脂。

14 刺激合成代谢激素的常用营养补剂有哪些

肌肉的合成不仅仅是碳水化合物和蛋白质等营养物质的功劳，还需要相关激素的参与，才能使肌肉生长、壮大。

为了轻微撕裂肌肉让其超量修复，我们的训练通常采用大负荷的剧烈运动。大负荷运动本质就是一次应激反应，会使得皮质醇分泌增加，从而抑制垂体-肾上腺-性腺轴功能，降低睾酮分泌，而睾酮就是参与增肌的重要激素。

因此，我们需要通过额外补充一些营养补剂来改善增肌的激素环境，从而让增肌的过程更加高效。那么哪些补剂可以改善这些合成代谢激素呢？

影响增肌的激素主要有3种：睾酮激素、胰岛素和生长激素，相应的补剂介绍也按此分类，这些补剂都是对身体安全的营养补剂，而非一些特殊的兴奋剂或固醇类等违禁药物。

促进睾酮激素类

睾酮激素可以称为雄性激素的代表，睾酮能够增肌，是因为其同化作用，可促进促红细胞激素和肌酸生成，加强造血功能，同时减少肌酸的流失。睾酮分泌旺盛的身体更加适合增肌。能够提升睾酮的营养品有锌镁力、牡蛎、蒺藜、玛卡、熟地、肉苁蓉等，这些都是比较安全的促睾产品。但从严格的科学研究角度看，其效果还是具有一定的争议性，不过补剂厂商和很多运动者都更愿意为促睾去尝试。以上营养物质发挥作用的机制可概括为：通过刺激促黄体激素的生成，刺激睾酮的分泌，从而提升肌肉质量和力量。以上补剂不仅仅能促进增肌，还具有抗氧化、提升精子质量以及促排卵等作用，加上其食品级别的安全性，所以受到很多运动员和健身爱好者的青睐。

促进胰岛素类

胰岛素是一把双刃剑，既可以增加脂肪，又能够促进氨基酸的转运和肌肉的合成，在合成代谢中起着举足轻重的作用。正因如此，增肌时必须摄入足够的碳水化合物来刺激胰岛素的分泌，同时足够的碳水化合物会使得健身者的体力恢复得更快。所以增肌的最好营养品还是碳水化合物。但是每个人的胰岛素敏感性不同，胰岛素越敏感，合成代谢的效率越高，单纯从补剂来说，就是为了提高胰岛素的敏感性。这类补剂（如有机铬和谷氨酰胺等）通常与糖尿病的预防密切相关。有机铬主要是促进机体摄取葡萄糖，生成更多的糖原；谷氨酰胺可以刺激胰岛素的分泌，促使胰岛素更好地工作。

促进生长激素类

生长激素在我们还是懵懂的青少年时听得比较多，成年之后似乎和我们没有多大关系。它的主要作用就是促进蛋白质的合成、骨骼和内脏的生长。因此生长激素在健身者来看也是弥足珍贵，毕竟这里面大部分人追求的还是更多的肌肉，能够刺激生长激素的补剂属于比较特殊的营养补剂，市面上用的最多的是鸟氨酸和α-酮戊二酸，前者可以从天然的肉类中获得，而且很多蛋白粉和BCAA等产品中均有添加，而后者则需要单独去购买。研究表明这两种物质可以促进生长激素和胰岛素的分泌，可以协助肌肉和肝脏摄取氨基酸和葡萄糖进而促进蛋白质合成，同时对蛋白质的分解和促进身体恢复具有良好的作用。另外生长激素的增加还与睡眠有很大的关系，良好的睡眠也是增加生长激素的免费“补剂”。

15 健身者要不要补充谷氨酰胺

健身者们可能对谷氨酰胺这款补剂稍微有些陌生，因为这款补剂多数被资深运动者所选择。为什么资深运动者要服用这款补剂？它有什么作用？

谷氨酰胺是氨基酸库的主要成分，是合成蛋白质的主要角色，它的功能有很多，其中和运动最相关的一个功能就是它能够使肌肉中的糖原增多，促进蛋白质的加速合成，从而达到增肌的目的，这么令人兴奋的代谢原理是不是就说明单独补充谷氨酰胺就可以很好地增肌呢？

相关文献确实发现在运动员身上是有此效果的，而且较为明显。但需要注意的是，这些研究是针对专业运动员进行的，他们的日常工作就是高强度训练，一天训练时长有时候达到14小时，一周训练时长可以超过100小时，那么作为健身爱好者的我们显然达不到这样的运动量。

那么到底需不需要补充谷氨酰胺？ 如果你是资深训练者，而且每天训练强度很大，一天两练甚至更多时，有必要补充谷氨酰胺。在运动后立刻与碳水化合物同时摄入，摄入量可以参考补剂生产厂商给出的份量建议，因为不同谷氨酰胺的配比存在一定的差别。

如果你只是单纯的健身爱好者，运动量没有那么大，一周锻炼4次左右，我认为补充与否都行。不补充是因为人体可以自身生产这种物质，产量也足够使用，并且对于增肌效果不算太大，而且这些运动量不至于对免疫系统产生很大的影响。选择补充最主要的原因是，它可以抑制大脑对食物的渴望，这对减脂人群来讲是有好处的，这也是为什么医学界用谷氨酰胺辅助治疗脑部相关疾病，如癫痫和老年性痴呆症。

16 增肌补剂——HMB是什么

HMB是β-羟基-β-甲基丁酸盐，是L-亮氨酸的代谢衍生物，与BCAA近似，这种物质对于肌肉蛋白的合成具有重要的作用。最初的研究结论来自于Steven博士的团队，结论认为规律地服用HMB可以增肌和增加力量。

这也是HMB最初从饲料领域走向了运动补剂领域的原因。

但是另有一个专业团队以专业运动员为研究对象，未能证明HMB具有显著的效果，因此这种补剂客观上来讲还不能像肌酸那样被广泛且一致地认为对增肌确实有效。

我国在这方面也做了大量的临床研究，HMB被证实对于癌症、营养不良、艾滋病等患者的恢复和肌肉增加有着积极作用。在临床医学的文献上来看，HMB在肌肉增加和免疫力提高方面的效果被很多学者所认同。

其实这也反映了一个现实，本身那些专业健美运动员肌肉量就已经很大，增长的空间有限，而对于患者或运动新手来说，更容易增加肌肉，因此HMB使用的效果就有了极大的差别。

从逻辑上看，似乎HMB在健身爱好者（非专业运动员）身上的效果会更好，相关研究表明，HMB可以促进肌肉细胞膜的修复，从而满足我们因减脂或有氧导致的肌肉分解，故而被称为升级版的BCAA。

HMB的相关专利已在全球各国做积极的布局，比如美国的代谢科技公司、雅培公司等营养品公司正在积极地申请发明专利。这款补剂未来也许会火爆全球。

综上所述，如果你是健身爱好者，急需增肌减脂，那么你可以尝试一下，至于用量多少，要看你购买的产品是如何推荐的，一般一天1.5~3克是很安全的范围。

17 肌酸对增肌有用吗

早在19世纪40年代，肌酸就被发现了，肌酸被认为能够提高运动效能，因此被补剂厂家作为补剂主打产品，被广泛宣传，获得了可观的产业效益。

肌酸的主要作用

肌酸最主要的功能是储水，更重要的是，它能够提高糖原的存储能力，健身爱好者都知道1克糖原可结合3克水，所以服用肌酸再配合力量训练对于增肌有着极其明显的作用。研究显示，服用肌酸的运动者，纯肌肉增长量比不服用肌酸的运动者高出2倍，这意味着在增肌期，服用肌酸会得到更加理想的体脂率，肌肉增得快，体脂增得少。

肌酸的摄入方法

第一种：冲击法。第一周（冲击期），每天按照0.25克/千克瘦体重服用，分5次摄入。比如，你的瘦体重是50千克，那么一天的肌酸摄入量为12.5克。如果身体对肌酸敏感，可以在冲击期与高GI碳水化合物和蛋白质一同补充，这样可以将第一周的冲击期缩短一半至3天。之后4周每天按照3~5克的量服用肌酸（维持期）。其原理就是先用冲击期短期内将肌酸库补充起来，然后维持期缓慢填满。整个周期结束后停止使用1~2个月，继续使用这种方法进行第二期摄入。

第二种：不分冲击期和维持期，连续1~2个月，按照每天3克/千克瘦体重服用肌酸，缓慢填充肌酸库，然后停用1个月，之后再按照此方法执行。

可能你会问，这两种方法背后的逻辑是什么？我们可以这么理解，第一种方法属于快充，可以使身体肌酸的储备在短期内增加20%~40%，肌酸的增加意味着更强的运动表现和更大的能量输出，当然体重和维度也会相应地增加。第二种方法属于慢充，在充的过程中也许自身感受不那么明显，但最终也会提升肌酸在身体的储备。

无论哪种方法，在补充后1~2个月都要停用，原因是此时再补充肌酸，身体将不会继续存储，你可以理解为没有存储空间，那么多余的肌酸就被浪费掉了。

在训练臀部的过程中，平时一组深蹲可能只做几次，而有了充足的肌酸帮忙，力量明显增强，次数明显增加，训练的泵感更好，可以完成更多组数和次数的练习，训练容量明显提升，并且练习过后身体更加容易恢复。

如果不能保证规律的训练和饮食，就只好用温和的方法补充。如果可以很规律地训练和饮食，建议用冲击法，效果会更好，因为你可以明显感受到肌酸给你身体带来的力量和维度。

温馨提示：对于那些对肌酸过敏的人，如果出现不适的症状，请一定停止食用。

18 运动后不进食影响增肌吗

身体的肌糖原根据氧化情况不同，可以供身体使用45~200分钟，肌糖原的合成只有一种路径，就是利用血糖进行合成，如果运动过后不及时补充碳水化合物，肝糖原会将一部分葡萄糖释放到血液中，供肌肉使用。此时身体会加大脂肪酸的利用率，如果不继续补充碳水化合物，只吃蛋白质和脂肪，肝脏会通过糖异生的方式产生葡萄糖供机体使用。

如果运动过后没有及时补充营养物质，增肌的效果就会大打折扣，因此运动营养领域的规定动作一定要做，有了这个“规定动作”，身材进步的速度就是快！这个规定动作就是营养窗口期，运动前半小时吃肌酸+高GI碳水化合物，运动后立即吃肌酸+碳水化合物+蛋白质，以上为营养窗口期，最大限度增肌减脂。

健身主要考验的还是身体的力量素质，以无氧代谢为主，消耗的大部分是糖原，训练动作对爆发力的要求比较高，快肌纤维动用较多。因此，运动后的膳食要以高蛋白和高GI碳水化合物为主，目的是为了能够让轻微撕裂的肌纤维得到超量恢复，增大肌肉体积。同时注意矿物质磷元素的补充，与碳水化合物一起为脑组织提供营养，增强神经控制和神经信号的传递，建立肌肉与神经之间的联系。为了改善肌肉收缩质量，还要注意补充钙、铁元素，同时要为激素系统额外补充镁、铁和锌以及维生素B_1。

所以，运动过后要及时补充营养物质，以免浪费珍贵的营养时机。

19 健身会导致尿酸升高吗

作为一名健身营养师，经常会收到许多健身爱好者的反馈：“我健身一段时间后，体检发现尿酸偏高，平时我也十分注意饮食控制，健身会导致尿酸高吗？”

于是很多健身爱好者开始迷茫，到底健身对身体有无好处，是不是要继续健身？

尿酸升高的原因

尿酸是嘌呤代谢的终产物，各种嘌呤氧化后生成的尿酸随尿排出。

而血尿酸浓度直接反映了体内核酸嘌呤分解代谢的情况，受到尿酸生成和肾脏排泄的调节。因此我们需要考虑两点，以明确血尿酸浓度偏高是哪种类型。即，到底是核酸代谢旺盛导致尿酸生产过多？还是肾脏问题导致尿酸排泄过慢呢？ 前者是体内核酸嘌呤代谢增强，这个很容易通过抽血诊断出来，而后者并不是体内核酸嘌呤代谢旺盛，而是尿酸排出量少。

健身与尿酸的关联

核酸代谢反映了蛋白质的代谢，这样健身自然就和尿酸建立起了联系。

大量的力量训练使乳酸生成增加，而尿酸和乳酸在体内会竞争性地通过尿液排泄，尿酸经过尿液排出的量减少，也会导致尿酸升高。

所以，健身确实有可能导致尿酸偏高，而且还是双向的：一是核酸代谢增加导致尿酸偏高；二是尿酸排出缓慢间接导致尿酸增高。

令人惊喜的是，尿酸偏高其实也证明了我们的训练颇有成效，体内蛋白质代谢旺盛，但值得注意的是尿酸偏高和痛风有着直接的关系，长期偏高会对肾功能造成损害。

针对健身人群中出现高尿酸的实际情况，给出了如下四条策略。

（1）遵医嘱服药。虽然这种方式立竿见影，但一些治疗尿酸高的药物有很多副作用，长期服用会对肾脏产生伤害，只能作为短期策略，适用于尿酸很高的情况。

（2）减脂。超重或肥胖与高尿酸血症的程度相关，因此将体脂率控制在合理范围对于降低尿酸非常重要，尤其对于那些迷恋增肌而忽略了减脂的健身爱好者，避免过胖是防止高尿酸血症的重要方式。

（3）调整饮食中宏量营养素比例。采用均衡碳水化合物低脂均衡蛋白饮食。

---

① 适量增加碳水化合物摄入。有些健身者为了使体脂降的更低，采用极低碳水化合物的饮食法，长期使用身体代谢产生酮体，导致尿酸偏高，因此适量增加碳水化合物，让身体再一次利用碳水化合物作为能量主要来源，可预防组织分解代谢生成酮体，可增加尿酸清除率。

② 采用低脂肪饮食。避免过度的脂肪摄入，导致外源性脂肪利用亢进，从而使得嘌呤代谢异常，应该注重脂肪摄入质量，依然以ω-3摄入为主，做到脂肪摄入少而精。

③ 减少蛋白质摄入。不要一味追求高蛋白饮食，多数健身者已经走入了误区，认为只有高蛋白饮食才能对抗肌肉流失、增加肌肉，使高蛋白饮食成为常态，经常效仿一些健身明星的高蛋白饮食方式。其实这里面存在着诸多风险，自己根本没有正确评估自身实际情况就盲目跟风，结果往往事与愿违。尿酸高的健身者应限制蛋白质摄入，高蛋白质饮食会导致内源性嘌呤合成增高，可能增加尿酸的前体。

④ 多饮水。多喝水可以稀释尿液，有利于将多余尿酸排出体外。此外，推荐吃一些降尿酸的食物，辅助降低尿酸，如玉米须、薏苡仁、葛根等。

（4）降低训练强度。过度的训练会导致ATP降解加快，导致尿酸偏高，因此需要健身者降低力量训练强度，增加有氧运动比例，锻炼频率也应同时降低，待到血尿酸指标恢复正常后，再逐渐增加训练强度。

20 鸡肉能长期吃吗

这个问题在各大搜索网站上一查，就会蹦出一堆答案。总结一下，有大致两种结论。

结论一

鸡肉不含激素，主要的理由是目前市面上卖的鸡多为白羽鸡和一些散养鸡，散养鸡或土鸡一般没有激素。白羽鸡这个品种本身生长速度就极其快，是人工育种优选的结果，因此没必要打激素，况且激素昂贵，还不一定好控制，因此可以放心大胆地食用。

结论二 鸡肉里含有激素，只不过含量不足以对人体造成急性危害，但长期食用就不一定了。

很多医生对乳腺病患者说要少吃鸡肉，因为怕雌激素过量，虽然医生判断未必准确，但足以说明他们对鸡肉表示过怀疑。

我查阅过大量关于鸡肉是否有激素的文献资料，先不说结论，单看论文的关注点就很说明问题。有大量文章在关注鸡肉激素测定方法的研究，试问要是鸡肉中从来就不含激素，那这些文章研究的意义又何在呢？

所以，这里的结论另辟蹊径：饮食不要单一化，不要把我们的健康寄希望于某几种食材，要饮食多元化，健身期间，我们要从品牌超市买鸡肉，而且要和其他肉类交替食用，这样才能将我们所担心的风险降至最低。

21 为什么力量训练中会犯困打哈欠

打哈欠是大脑缺氧最直接的信号，所以通过哈欠来进行深呼吸，摄入更多氧气。

肌肉经过多次力量训练后，耗尽了肌肉中的ATP，此时调用肌肉中的肌酸开始进行短暂的供能，之后肌肉就无法再运动了，达到力竭状态。这时需要氧气来燃烧糖原和脂肪形成新的能量，这个恢复期就是你的休息时间，所以此时机体通过打哈欠摄入更多的氧气，参与能量恢复。

这就是某些健身爱好者在训练间隙时老打哈欠的原因，间接说明他们的训练还是很到位的。

如果你也有同样的困扰，想要改变这种状态，可以尝试如下两种方法：一是力量训练时保持有节奏的呼吸；二是训练间隙做深呼吸，同时喝功能饮料，加快体能的恢复。

22 生长激素是如何影响肌肉生长的

生长激素（GH）在肌肉的合成代谢中扮演着重要角色。生长激素是由脑垂体分泌的，身体会根据当时的状态，精细地调控这种激素的分泌。其主要功能是促进肌肉的生长和阻止肌肉的分解、增加脂肪的氧化分解，此外生长激素还能促进糖异生，使得机体利用脂肪来供能。

这么看来生长激素的确对健身者来讲有诸多好处，可我们怎么能让体内的生长激素分泌得更多一些呢？

首先看看生长激素的分泌受到哪些因素的影响。当身体处于低碳水化合物、低能量储备和外界压力过大时，生长激素就会分泌出来刺激机体发挥前述功效。此外，生长激素的分泌会受到睡眠和训练的影响，同样也会受到胰岛素、睾酮和雌激素等激素的影响。

因此，饮食方面，我们可以选择低碳水化合物、高脂肪、高蛋白的饮食策略，从而促进生长激素的分泌，同时训练时要加大训练强度，让身体处于规律的压力状态，这样才会刺激生长激素的分泌，形成良好的增肌环境。

此刻，你一定会问，增肌不是得靠碳水化合物来刺激胰岛素吗？可这里为了生长激素，采用低碳水化合物饮食，岂不是前后自相矛盾吗？确实，胰岛素如果分泌旺盛，生长激素确实会得到抑制，正因为如此，在增肌期应该采用碳水化合物循环的饮食策略，这样两种激素交替发挥作用，增肌减脂效果会非常显著。

这就是生长激素的秘密，你懂了吗？

最后，我还要补充说明一下，其实女性的生长激素要比男性的要旺盛，所以女孩子们走健美之路是更有优势的。

23 增肌食谱案例

下面给出一个增肌食谱案例，这份食谱的营养特点是“高碳均衡蛋白低脂”，碳水化合物、蛋白质和脂肪的比例大约为60%、25%和15%，食材依然选用低GI碳水化合物和高GI碳水化合物组合，加工工序简单，属于家常饮食，便于操作，最大限度地保留了食材的营养，减少了烹饪过程中有害物质的产生。本减脂食谱总热量为3000千卡左右，如果你打算使用此食谱进行增肌，请结合自身基础代谢，如果基础代谢很高，此食谱未必能够制造热量盈余。

有很多健身者会认为，增肌时要多吃蛋白质，其实根据身体代谢的过程来看，增肌期由于碳水化合物的增加，胰岛素分泌较多，因而蛋白质利用效率很高，反而不需要太多的蛋白质就能满足增肌需求，但摄入过多的蛋白质会对身体产生负担，也会加快体脂的增加。

表3-1　增肌食谱案例

餐型	食谱	做法
早餐	西式早餐	全麦吐司150g、鸡蛋1个、酸奶250g、香蕉200g、MCT油3g、美式咖啡300ml
加餐	补剂餐	增肌粉20g
午餐	中式午餐	①米饭150g ②虾（生重50g）水煮 ③龙利鱼（生重100g）蒸 ④绿叶蔬菜200g、花生油5g，加蒜末少许清炒
运动前加餐	补剂餐	BCAA1份，苹果1个（中等大小）
晚餐	中式餐	①煮玉米150g ②卤鸡腿200g ③四季豆150g，花生油10g，清炒 ④橙子150g ⑤希腊酸奶250g
运动后餐	补剂餐	①增肌粉30g与300ml水混合成饮料 ②运动后半小时内进食

PART 4

塑形营养问答：日常健身必备营养知识

1 塑形运动和营养要点有哪些

大家在健身房经常听到的三个词：“增肌、减脂和塑形”。前两者好理解，那么塑形到底是指什么？和增肌减脂有什么区别？应注意哪些营养要点？

塑形和增肌减脂的区别

增肌的目的是提高纯肌肉量，减脂更关注脂肪的减少。单纯增肌，肌肉含量会增高，但肌肉分离度不高，看起来只有一堆肉，没有层次感；而单纯减脂则有可能导致脂肪下降，身体某些部位却很松弛，脂肪减掉了，人却不好看了；塑形介于增肌和减脂之间，其主要目的是打造最清晰漂亮、线条明显的肌肉，让体形更结实更好看。

塑形的运动要点

首先是有氧运动。有氧运动燃烧皮下脂肪可让肌肉线条清晰可见，一般不少于45分钟，这样会尽可能多地消耗脂肪。

其次是力量训练。以高重复组数、训练时间延长为主，这样做会使目标肌群充血，有非常好的泵感，明显增加肌肉内毛细血管的数量，刺激肌肉量的增加。通常一个目标肌群一次的训练量至少能够重复100次，这意味着如果选取5~6个动作，每个动作至少要做20次以上，因此重量不能过重，否则次数得不到保证，目的是调动更多的肌肉纤维长时间参与运动，消耗掉肌肉中的糖原，逼迫脂肪酸供能，从而实现局部皮下脂肪减少的目的，让目标肌肉纹理更加清晰可见，即想瘦哪里瘦哪里。

塑形的营养要点

塑形期持续时间不应该超过2个月，在这两个月中要动态调整卡路里摄入，总体做到热量亏损。比如第一周每天设定300千卡热量缺口，一周后如果感受到体脂明显下降，维持这个缺口，后续当你发现这个缺口下降不明显时，可以继续将热量缺口加大，让脂肪消耗进入一个快速消耗通道。饮食方面，可采用碳水化合物循环饮食法，比如“2天高碳、2天低碳”或“3天低碳，2天高碳”的组合，低碳日1.2克/千克体重，高碳日2克/千克体重；蛋白质方面，建议每日摄入至少1.5克/千克体重的蛋白质，保证氨基酸库的充足；脂肪，每日摄入比例不应超过每日摄入总热量的20%，但绝不能不摄入。

以上就是塑形期大致的策略要点，可根据个人情况再加以细化，如果你还是不太清楚，可以咨询资深教练或营养师等专业人士，帮助你实现塑形的目的。

2 塑形期为什么要摄入足够的膳食纤维

从热量平衡角度来看，体重的不断增加与热量盈余有很大关系。大量文献显示，膳食纤维的不断摄入对于控制体重有着重要作用。膳食纤维对体重的影响机制划分为以下四点。

① 膳食纤维被摄入之后会吸水膨胀，这样就可以增加饱腹感，从而减少其他食物的摄入。

② 膳食纤维在摄入之后，需要人体增加对食物的消化时间，这样就可以进一步延缓胃中食物的消化排空速度，从而降低人体能量以及相关营养的吸收。

③ 膳食纤维将会对脂肪氧化产生一定影响，减少脂肪积聚，从而增加粪便中的脂肪含量。

④ 膳食纤维中含有的可溶性膳食纤维，将会对人体血糖含量产生重要的影响。在人体中可溶性膳食纤维通过吸水膨胀可以将体内的消化酶进行截留，防止碳水化合物在消化酶的作用下被分解，葡萄糖在此种环境下难以发生扩散，也就不会在用餐之后发生血糖飙升的问题。膳食纤维还可以降低碳水化合物与大肠肠壁的接触次数，以此来削弱体内末梢组织感知胰岛素的能力。

世界卫生组织对于人体膳食纤维摄入量的规定为每人每天28～40克之间，美国食品药品管理局对于膳食纤维摄入量的规定为每人每天保持在20～35克之间，英国卫生组织规定每人每天摄入膳食纤维的量应该在25～30克之间，德国卫生组织规定每人每天摄入量不能低于30克。我国规定膳食纤维每人每天的摄入量应该保持在25～35克之间。

富含膳食纤维的食物有很多，如薯类、糙米、玉米和蔬菜等，日常大家多摄入膳食纤维，除了能控制体重，对身体健康也非常有益。

3 塑形食谱案例

下面给出一个塑形食谱案例（表4-1），这份食谱的营养特点是均衡碳水化合物、均衡蛋白、低脂肪。碳水化合物、蛋白质和脂肪的比例大约为55%、25%和20%，食材依然选用低GI天然食材，加工工序简单，家常饮食，便于操作，最大限度地保留了食材的营养，减少了烹饪过程中有害物质的产生，本减脂食谱总热量为2000千卡左右，如果你打算使用此食谱进行塑形，请结合自身基础代谢，注意，如果基础代谢很高，这份食谱并不适合塑形。此食谱的最终目的是让你维持热量平衡。

表4-1 塑形食谱案例

餐型	食谱	做法
早餐	中式早餐	①红薯粥：红薯50g，大米30g，水1L，熬粥 ②蒜泥西兰花60g ③蒸蛋羹：鸡蛋1颗，水少许，酱油少许
早加餐	西式早餐	杏仁6颗，美式咖啡250ml
午餐	中式午餐	①虾仁豆腐：虾仁30g，豆腐100g，油5g，清炒 ②菜心肉丸汤：菜心80g、精瘦猪肉50g，盐少许熬汤 ③炒菠菜：菠菜150g，油5g，清炒 ④米饭150g
晚餐	中式晚餐	①红豆米饭100g ②蘑菇炖鸡：鸡肉150g，香菇100g，胡萝卜50g，炖制即可 ③凉拌黄瓜100g
运动后加餐	补剂餐	①蛋白粉30g与300ml水混合成饮料 ②奇异果1个 ③运动后半小时内进食

4 对抗反弹必吃的食物组合

按理说冬季增肌是比较合适的，我们前面的文章也探讨过，如果你不愿意增肌，那么这个阶段体脂不增长就是一种胜利，下面推荐大家5款食物组合，理论上不能算作减脂餐，但可以让体脂不会增加很多，同时能为来年好好减脂打下坚实的基础。除了考虑到减脂的诉求，这5款食物组合同时还考虑到美容、预防疾病、经济性和便利性等方面，大家不妨亲自实践一下。

第一款食材组合：油菜 + 香菇

抗氧化、延缓内脏和皮肤衰老，提升骨密度，发挥功效的成分是：维生素E和硒，一定要用炒的方法，才能让有效元素充分吸收。有了好的骨骼，我们明年的空腹有氧运动才能做得毫不费力。

第二款食材组合：韭菜 + 虾仁

虾仁中的碘和硒与韭菜中的胡萝卜素共同作用，提升甲状腺功能的表现和免疫力，为明年的减脂期打好新陈代谢基础，同时能保护视力。做法：炒。

第三款食材组合：玉米 + 鸡肉

提升精力，加速肝脏排毒，降低胆固醇，作用是调理好肝脏，提升肝脏储备肝糖原能力，妥妥地为力量锻炼打基础，起作用的成分是B族维生素和维生素C的有机融合。做法：鸡肉炖玉米或者玉米鸡肉熬汤。

第四款食材组合：鸡肉 + 柠檬

帮助提升基础代谢，消除疲劳，是由鸡肉中的B族维生素和柠檬酸混合产生的功效。基础代谢低的危害对减脂和身体健康都是不利的，所以这款组合是增肌减脂再合适不过的选择了。另外，这个组合更厉害的地方在于，维生素C和鸡肉进入胃中，会形成胶原蛋白，让你的皮肤变得更饱满。做法：炖或者烤，把柠檬切片放进鸡肚子里烹制即可。

第五款食材组合：燕麦 + 荞麦

冬天绝对是抑制脂肪增长的最佳时机。这款食材组合首先GI值比较低，其次里面的黄酮类氧化物和荞麦蛋白结合在一起，可以提升高密度脂蛋白，清理身体垃圾，提高脂肪动用率。做法：用电饭煲做杂粮饭，所有食材一定要提前浸泡2小时。

5 不同体形的人如何选择营养策略

一般情况下，人主要有以下几种体形。

外胚型

主要特点是瘦，修长，不容易胖，不容易积累体脂但也不容易增长肌肉，但容易积累内脏脂肪。运动发展方向：增肌。饮食上以高蛋白、高碳水化合物以及不饱和脂肪酸为主，由于其代谢速度快，注意多补充维生素。最大的烦恼是怎么能吃胖。

中胚型

主要特点是身材比例好，男性为倒三角、女性为S型曲线。运动发展方向：可增肌可减脂，练一下就出线条，不控制会发胖但不离谱，一控制就会取得良好的减脂效果；营养方面，以均衡碳水化合物、均衡蛋白质、低脂肪为主。属于理想体形。

内胚型

主要特点是短粗、容易发胖，基础代谢低。运动发展方向：减脂为主，但增肌较为容易，也容易增长力量，这类体形一辈子都需要控制饮食，不控制可能会导致因超重产生的健康问题。饮食方面：低碳水化合物、低脂肪和均衡蛋白质为主。不幸的是，这类人很多食物必须舍弃了，但其胃口常常很好，因此过得很艰难。

当然，每个人的体形不一定会非常精确地对应以上三类，学者继续将这三类细分为72种形体，大部分人体形是这三种的组合。了解这些对于我们改造体形有很好的帮助。

6 运动中如何补充微量营养素

微量营养素主要由维生素和微量元素组成。

通常，我们只需要通过正常的饮食就可以满足以上微量营养素的摄入，而无需额外补充，但需注意饮食多样化，不能长期单一摄入。

如果我们长期严苛饮食、处于热量亏损状态、饮食单一或运动量过大，最容易导致以下微量营养素缺乏。

女性：最容易缺乏维生素D（菌类）、钙（奶制品）、锌（牡蛎肉类）和铁（肉类、鱼类、红枣）。

男性：最容易缺乏维生素D（菌类）、维生素A（蛋黄）、维生素B_2（乳制品）、维生素B_{12}（肉类）、锌（牡蛎肉类）、镁（全麦食品）和钙（奶制品）。

那么我们应该如何补充呢？最好用多样化的食材来进行补充，微量营养素的缺乏多来自于那些饮食单一的人士，最好不要单独用补剂补充。

有些女性感觉自己贫血，就盲目摄入铁补剂，这么做是有一定副作用的，高水平的游离铁会增加心肌梗死的风险。

有些男性为了促睾酮，长期喝锌和镁的制剂，比如ZMA，这会对造血功能和免疫功能产生危害，一定要谨慎服用。

总之，大家在选择微量营养素补剂时一定要慎之又慎。最好不要用片剂或胶囊剂补充维生素、微量元素和一些抗氧化剂，因为到目前为止，还没有十足的证据证明它是百分百安全的，毕竟有一些实验出现了令人担忧的结果，所以要持谨慎态度。如果没有特殊疾病，如高血压、心脑血管疾病、糖尿病等慢性疾病，健康人群最好的办法就是饮食多样化，保证营养全面丰富，以降低缺乏微量营养素的风险。

7 力量训练和有氧运动有优先顺序吗

训练组合方式有2种：先力量训练后有氧运动，或先有氧运动后力量训练。这个题目可以说是老生常谈了，去网站上一搜一堆文章，可是我认为鲜有观点真正从身体代谢角度说明力量训练和有氧运动先后之间的差别，顶多说有氧运动消耗的是脂肪，力量训练消耗的是糖原，浅尝辄止，没有更深层次的说明。

先力量训练后有氧运动或先有氧运动后力量训练的运动模式到底有什么区别？哪种瘦身效果更好？我们从能量代谢角度深度探讨一下。

不同运动类型能量代谢过程

不同运动类型能量代谢的过程：力量训练特点是强度大、时间短，其调动的主要是骨骼肌中的快肌纤维，这种纤维消耗的能量底物主要是ATP和肌酸，具有极高的糖酵解能力。当肌肉在运动初期和高强度收缩时，游离脂肪酸在线粒体内氧化减少，此时糖原才是肌肉的主要燃料，负责生成ATP。

有氧训练特点是强度小、时间长，其调动的主要是骨骼肌中的慢肌纤维，这种纤维主要依靠氧化代谢，能够通过毛细血管的能量供应，产生很强的抗疲劳性。消耗的能量底物主要是游离脂肪酸和蛋白质。

不同训练模式组合的代谢效果

（1）先有氧运动后力量训练 如果采用先有氧运动后力量训练的模式，身体首先会调用更多的慢肌纤维进行工作。在运动初期，骨骼肌中游离脂肪酸在线粒体内的氧化是不多的，因为此时身体有充足的糖原储备，随着运动时间的增加，肌糖原下降，肝糖原开始释放，脂类加入了氧化代谢的过程，此时身体消耗脂肪的过程开始。当有氧运动结束后，身体已经适应了脂肪酸供能，此时再进行力量训练，由于肌糖原在早期运动中已经快速减少，其提供ATP和肌酸的效率下降，导致大强度力量训练效果大打折扣。

（2）**先力量训练后有氧运动** 如果我们先进行力量训练再进行有氧运动，此时募集的是快肌纤维，运动初期依然是糖原工作，不同的是快肌纤维只会利用ATP和肌酸，肌糖原会迅速通过糖酵解被榨干，身体很快调用肝糖原来维持糖酵解的过程，当力量训练结束时糖原利用率已经达到最大化，此时再做有氧运动，身体不得不提高脂类氧化能力来维持运动需求，因此这样的组合不仅利于增肌还有利于减脂，运动效率更高。但此时有一个弊端，BCAA也会同时参与氧化代谢，所以这时候最好补充BCAA防止自体蛋白质分解。

因此，无论增肌还是减脂，先力量训练后有氧运动才是最佳选择。

8 各类健身运动结束后，补充什么营养

跳完体操吃什么？ 现在各类体操课火爆一线城市，比如超级猩猩等，这些体操的动作要求学员具有较高的灵活性和身体协调性，对神经系统有较高的要求，同时跳操可以消耗较多的脂肪，因此运动结束后以高蛋白质、低脂肪和复合型碳水化合物饮食为主，矿物质要注意补充铁、钙、磷，并注意补充 B 族维生素和维生素 C。

做完 HIIT 吃什么？ HIIT 属于功能性训练的一种，需要耐力、速度、灵敏性和柔韧性，代谢特点是以消耗糖原兼顾脂肪为主，后燃效益高。为了提升脂肪的后燃效益，运动结束后，以补充蛋白质为主，少量补充碳水化合物和脂肪，及时补充维生素 B_1、维生素 C 和维生素 E。多喝矿泉水，恢复身体电解质平衡。

“撸完铁”吃什么？ “撸铁”主要考验的是身体的力量素质，以无氧代谢为主，消耗的大部分是糖原，训练动作对爆发力的要求比较高，快肌纤维动用较多。因此，运动后膳食特点要以高蛋白质和高 GI 碳水化合物为主，目的是为了能够让轻微撕裂的肌纤维得到超量恢复，增大肌肉体积。同时注意补充矿物质磷元素，与

碳水化合物一起为脑组织提供营养，增强神经控制和神经信号传递，建立肌肉与神经之间的联系。为了改善肌肉收缩质量，还要注意补充钙、铁，同时要额外补充镁、铁和锌以及维生素 B_1。

游完泳吃什么？ 游泳的特点是在水中进行，身体散热快，对力量和耐力都有一定的要求，减脂效果较好，为了能够保持游泳后的减脂效果，以低碳水化合物、低脂肪和高蛋白质饮食为主。如果有人喜欢冬泳或者较低水温时，出于抗寒需要，可以少量补充一些不饱和脂肪酸，同时增加含碘类食物，以保证低温环境下甲状腺功能的需求。按照以上惯例，我们还是要注意维生素 B_1、维生素 C 和维生素 E 的补充。

跑完步吃什么？ 跑步在健身训练中，通常以有氧代谢为主，时间较长，强度中等，身体以脂肪供能为主，对心肺功能和身体抗疲劳能力提出了挑战，运动后要突出蛋白质的补充，对抗肌肉流失，同时补充低 GI 碳水化合物来恢复体力，缓慢上升的胰岛素会延长脂肪燃烧的时间，运动过程中会损失一定量的维生素和矿物质，所以运动后突出铁、钙、磷、钠和维生素 C 和维生素 E 的补充，有利于提升身体耐力和抗疲劳能力。

9 健身时如何补水

运动过程中补水有着极其重要的意义，水不仅是产生ATP的重要物质，而且是维持身体电解质平衡的基础。正确的补水可以避免一系列严重的后果，如脱水、水中毒和热环境下的应激反应。

外部补水法

爱美人士都知道，如果皮肤干燥，长时间吹空调，必须贴上一片面膜以免脸部皮肤干燥。外部补水方法和贴面膜原理类似，它的应用场景通常是在比较炎热的户外跑步、打球或爬山等，一是运动前洗冷水澡，二是随身携带用冷水浸泡过的毛巾，大汗淋漓时用其擦拭额头或者腹部，这样会快速帮助身体降温，避免因高温出现的中暑等热应激症状。

提前补水法

在重训之前，提前30~60分钟摄入500毫升左右的水，这样可以有效地对冲因大重量训练和有氧训练时排汗流失的水分，避免脱水的发生。

运动中补水

众所周知，运动中必须要补充水分，不喝水根本无法将运动继续下去。但是在剧烈运动时，如跳操和功能性训练，失水的速度远远大于补水的速度，此时身体每小时将损失2升的水分，而胃部每小时只能排空不到1升水，之间相差1倍以上。因此建议健身者在运动过程中每隔几分钟就要补充一次水，每次补水不要超过100毫升，如果一次性摄入大量水分，会影响运动表现。

而温度较低的水，如从冰箱中拿出来的冰水，较常温水和热水更容易被身体所吸收，其排空速度更快，因此剧烈运动时考虑采用冰水作为运动饮料。而含有碳水化合物的饮料其排空速度明显缓慢，如果在温度较高的环境下运动，建议单纯补水即可。同时运动过程中，身体的电解质容易流失，也需注意补水方式。

10 如何快速恢复电解质平衡

运动中补充水分是非常重要的步骤，然而补水并非我们想象得那么简单。运动时到底如何正确地喝水呢？

补充饮料的目的

补充饮料的目的实际上就是使体内的电解质达到平衡状态。有专家曾表示，电解质一旦紊乱，治疗起来会非常复杂，所以必须认真对待饮水问题，尤其是那些想看到体重下降的小伙伴们，不要再用脱水的办法来蹂躏自己的身体了。

人体里的矿物质溶于水后带有电荷，因而被称为电解质，体内最重要的电解质有钠、氯、钾、镁和钙，可以简单理解为传感器，当身体电解质发生变化时，身体会做出反应来进行调节。比如，当身体出现脱水时，会造成抽搐，此时不得不去医院挽救生命。

当然，正常情况下人体内的电解质也没那么容易被破坏，只是一定要注意它的重要性，尤其在运动时或高温时，我们必须注意电解质的平衡。

补充饮料的方法

当我们进行力量训练或者是有氧运动时，随着身体汗液的流失，身体矿物质的浓度会越来越高，但此时也有很多矿物质通过汗液排出了体外，所以基于以上情况给出两点补充策略。

（1）快速补充水分，让电解质达到平衡。

饮料进入身体后，不是在嘴里，也不是在胃里，而是最终在小肠进行吸收的，因此想要快速补充水分，必须让水分尽快地达到小肠。饮料分为三种：低渗透、等渗透和高渗透饮料。细胞中矿物质浓度和进入肠道中浓度的不同决定了饮料属于哪种类型。

低渗透饮料：矿物质较少，水分较多，由于水分子是向高浓度的方向移动，因此可以迅速补充体液。

等渗透饮料：浓度与细胞中液体浓度差不多，也可以快速补充电解质，但比低渗透饮料慢。

高渗透饮料：浓度较高，会先把细胞中的水吸出来，最后再进入到细胞中，因此补充水分较慢。

（2）补充额外的矿物质，弥补运动中流失的矿物质。

运动中，随着时间的推移，身体不可避免地要流失矿物质，因此补充的饮料中要含有一定的矿物质，也就是不能喝太多的低渗透饮料，大量的低渗透饮料会导致体内矿物质析出，很多水中毒患者就是这种情况。运动中最好选择等渗透饮料，其中含有的矿物质浓度非常适中，正好满足身体所需，能够及时让电解质达到平衡。而高渗透饮料虽然有足够的矿物质，但因其水分补充得较慢，会让人产生有种越喝越渴的错觉，因此运动过程中这种饮料也不能选择。

最重要的一点是，你需要学会分辨高渗透、低渗透和等渗透饮料。饮料类型千千万，可根据营养师建议挑选适合自己的。

11 健身者是否需要喝精氨酸

一提到精氨酸，懂点营养知识的朋友都会想到氮泵，因为精氨酸是氮泵的主要成分，但是，据我了解，很多健身者认为自己根本没必要喝氮泵，因为氮泵主要是起兴奋作用的，自己也不是什么资深健身玩家，喝了也体会不到什么不同，这实际上是对氮泵的误解。

抛开氮泵不谈，就单说精氨酸，精氨酸既可以从膳食中摄取，又能自身合成。精氨酸也是合成一氧化氮的唯一底物，可参与血管张力和免疫的调节，这就是氮泵让人兴奋的原理。精氨酸是尿素生成的前体，随着精氨酸的消耗，一氧化氮的生成就会逐渐减少。

运动进行过程中，随着碳水化合物的减少，代谢会让肌肉产生氨，血氨的增多会引起身体的疲劳，导致运动能力下降，影响脂肪的氧化，因此在大量运动中或运动后，饮用补充精氨酸和一些含碳水化合物的饮料，可以促进肌糖原的加速生成，防止心肌受到来自运动产生的自由基所造成的伤害，如防止钙蛋白不被破坏和保证线粒体的完整。精氨酸也可以改善心肌微循环和心肌收缩功能，延长力竭时间。

补充精氨酸还能够增强免疫功能，增加身体免疫应答，补偿糖皮质激素对机体免疫功能的抑制。运动过程中，人的体温会升高，导致细胞形态改变，损害细胞的完整性，补充精氨酸可以有效地保护细胞。另外，还有一个好消息是，服用精氨酸可以促进生长激素、胰岛素、泌乳素等激素的分泌，对因减脂造成的月经不调有改善作用。

当然，精氨酸再好也不能补充过量，浓度过高反而不好。

每次喝氮泵时，我们的出发点应该是出于对身体的爱护，所以对氮泵的认知仅仅停留在能够扩张血管上是比较片面和狭隘的，当然这与很多补剂产品对消费者的引导有着直接的关系。毕竟健身在带来健康的同时，是要付出一定代价的，尤其是那些对健身逐渐上瘾的人来说，补充精氨酸应该提上日常营养计划啦！

12 健身需要补充牛磺酸吗

牛磺酸（Taurine）又称β-氨基乙磺酸，于1827年首次在动物体内发现，是从牛胆汁中分离出的一种化合物。牛磺酸是人体必需的一种氨基酸，不参与体内蛋白质合成。正常人体内可以分泌牛磺酸供身体使用，多余的牛磺酸会经由肾脏排出体外。

牛磺酸的生理功能

健身补剂和功能性饮料中添加牛磺酸，主要基于其有以下生理功能。

---

① 牛磺酸可以保护视网膜，视网膜中的氨基酸牛磺酸占50%，如果人体长期缺乏甲硫氨酸和半胱氨酸，会无法自身合成牛磺酸，从而导致视网膜病变。另外，当今社会已经进入了移动互联网的时代，用眼过度成为了常态，因此补充牛磺酸是十分必要的。

② 在运动过程中，健身爱好者为了突破自我，经常采用高强度运动方式进行锻炼，身体不可避免地产生自由基，同时对心肌产生极大的压力，及时补充牛磺酸可以

对抗心律不齐以及提高心肌耐缺氧的能力，牛磺酸能与呼吸爆发生成的次氯酸形成氯胺，有效地防止细胞受到损害。更重要的是牛磺酸可以提升运动表现，使肌肉训练感受更好。

③ 运动和熬夜过后，身体会出现短时间的免疫下降，粒细胞数量降低、吞噬能力减弱，摄入牛磺酸可以增强细胞吞噬功能。

④ 肝脏中牛磺酸的作用是与胆汁酸结合形成牛磺胆酸，其对消化道中脂类的吸收是必需的。牛磺胆酸能增强脂质和胆固醇的溶解性，解除胆汁阻塞，降低一些游离胆汁酸的细胞毒性，抑制胆固醇结石的形成，增加胆汁流量等。

⑤ 牛磺酸可与胰岛素受体结合，促进细胞摄取和利用葡萄糖，加速糖酵解，降低血糖浓度。牛磺酸具有一定的降血糖作用，这对健身人群是非常好的消息，要知道多余的血糖如果没有被消耗掉，可是很容易转化成脂肪的。

人类的肝脏是合成牛磺酸的场所。那么我们体内合成的牛磺酸能不能满足人体的生理需求呢？一般来讲，我们从日常膳食中即可获得所需的牛磺酸，不需要额外补充，**但是健身和经常熬夜的人群就得注意了**，因为人体的活动代谢常常让身体处于一种压力状态，所以也要经常通过从外界渠道摄取补充氨基酸。

牛磺酸饮料的种类繁多，而我国便利店牛磺酸饮料种类却少得可怜，说明我们补充牛磺酸的意识还没有那么强烈。牛磺酸作为一种保健食品还是比较安全的。

13 健身者需要补充植物蛋白吗

健身者无论增肌还是减脂都非常注重蛋白质的摄入，但大部分健身者通常选择动物蛋白，很少注意植物蛋白，但实际上这应该重视起来。

我们通常会忽视植物蛋白，最主要的原因是，它不能完全提供人体所必需的氨基酸，也就是说蛋白质营养价值低，而动物蛋白基本上满足了人体氨基酸库的所有需求。

很多文献表明，植物蛋白如谷物、豆类和根茎类蔬菜与动物蛋白一起食用，可获得更高的蛋白质利用价值。原因可能是氨基酸链的多样性，让身体有了更好的选择，这就好比身体建设需要很多零部件，而供货商多了，我们选择的余地更大，会选质量更好、更适合我们的零部件，这样身体才更强壮、更完美。

所以，要想改善体成分，植物蛋白是不能被忽略的，植物蛋白可以搭配补充，以达到更好的效果，如土豆+鸡蛋，土豆+牛肉，豆腐+肉沫，豌豆+金枪鱼和豆浆+鸡蛋等。

14 如何判断哪些食物不适合空腹

大量文章宣称空腹不能吃的东西有很多，如山楂、橘子、牛奶、豆奶、柿子、糖、鱼、肉、浓茶、咖啡、酒等。其主要的原因基本上可以总结为，这些食材进入胃中容易引起胃内酸度猛增，刺激胃黏膜，造成腹胀、泛酸、结石、蛋白质的浪费和血糖升高。

其实以上空腹禁忌，对于健康人群，只要不是大量摄入，一般都没什么问题。就拿柿子来讲，空腹吃一个，不太会造成多大的伤害，而在临床上见到过胃柿石的案例，这些患者都是空腹吃了大量柿子（比如超过3个）造成的，胃部高酸环境加上一些果胶等纤维物质形成结石，造成腹痛和幽门堵塞等情况。

但确实有人在空腹吃完一些东西后，胃部出现了不适应，比如牛奶，这有可能是乳糖不耐受造成的，因此这些人就不适合空腹喝牛奶，配合一些碳水化合物一起喝就会缓解很多。还有的人空腹不能喝咖啡，喝完后会产生低血糖和心慌等症状，应立即停止饮用。所以我们要学会与身体建立“对话”，靠身体感受来判断。

我们不用太过紧张和担心空腹的禁忌，对于那些疑惑的食材，自己拿不准也不怕，记住只要量不大，就不会有太大问题。至于那些空腹浪费蛋白质和造成血糖上升的说法，缺乏统计证据。

用一句名人的话总结来说：“观胃心情，适可而止。”

15 健身者如何喝咖啡

2019年，曾有一则“考研一年喝800袋咖啡”的新闻引起了营养圈的广泛讨论，大部分的营养师和专家都认为咖啡每日不超过3~4杯的量，是不会对身体产生副作用的。这个结论当然是有文献的支撑，但这只针对一般人群。如果你是个健身爱好者也同样适合吗?

咖啡的积极作用

咖啡的主要成分是咖啡因，其最主要的作用是加快排出细胞外液的水分，喝完咖啡会感到口渴，加速排尿和排便的过程，这对便秘人群来说也是非常有好处的，这点同样对减脂和运动人群来讲也是非常有利的，因为它可以使我们的肌肉线条更清晰，体重更轻。咖啡因的摄入还有可能提升运动表现和运动成绩，这会让你增肌、减脂、塑形的效率更高。此外咖啡因还能更加快速地促成脂肪细胞中脂肪的分解，加速减脂效率。当然，这个研究结论是因人而异的。

咖啡的消极影响及其摄入量

咖啡因会影响到人体的水平衡，如果你是减脂或健身人群，且有每日喝咖啡的习惯，那么必须多喝水来维持细胞内外液的水平衡，建议健身人士一天的咖啡因摄入量不要超过300毫克，这个标准低于正常人建议量400毫克。身体的水平衡和电解质平衡对于维持身体健康至关重要，水的流失会导致各类疾病的发生，所以对于健身者来讲，口渴时绝对不能饮用咖啡来补水。

咖啡的饮用时间及种类选择

运动中和运动后不太适合喝咖啡，其余时间可以根据自身情况随意安排。很多运动者通常是在运动前1小时喝咖啡，这样既可以提升运动表现，又不至于影响身体的水平衡。

众所周知，咖啡中起作用的主要成分即咖啡因，所以最好是喝黑咖啡，其热量低、成分效果好。其他类型的咖啡自己计算热量喝，比如防弹咖啡、速溶咖啡等。

16 健身会引起便秘吗

便秘的判定

便秘是一种常见现象，无论你减脂与否都有可能遇到便秘，其成因机理就是粪便在肠道停留时间过长，含水量降低，干硬不易被排出，排便频率随之消失。若你48小时还没便意或排便，就可判定为便秘。

便秘的类型和成因

便秘大致分三类：一是迟缓性便秘，常见于体弱多病、肥胖者、减脂者和暴食者，产生原因是肠蠕动减弱；二是痉挛性便秘，与第一种情况相反，主要是肠道蠕动过度所致，比如使用了大量泻药、吸烟和酒对肠道过度刺激，造成痉挛性便秘；三是梗阻型便秘，由各种疾病导致的肠梗阻引起的便秘。大部分人是前两种类型。

便秘的饮食疗法

针对这三种类型的便秘，除了及时就医外，应当选用不同饮食有针对性地解决。

① **迟缓性便秘：**选用高纤维食物如粗粮、带皮水果和蔬菜，多饮水，多吃B族维生素类食物（如豆类），多吃产生气体较多的食物（如萝卜、洋葱、蒜苗），另外减脂期低脂肪饮食易导致肠道不润滑，可吃些高脂肪的坚果润肠（如芝麻、核桃等）。不建议吃的食物有辣椒、糯米、山药等，不利于肠道蠕动。

② **痉挛性便秘：**最好吃半流食，以放松肠道肌肉，降低肠道负担。

③ **梗阻性便秘：**尽快去医院就诊，一般医生会让你输营养素。

17 小病小药之后该吃什么

当身体出现小问题就医时，医生会给你开药。那么小病小药之后应该立即补充相应的营养素，可加速身体恢复，让重疾不再有机可乘呢？

眼睛干涩疲劳	优先摄取维生素A，然后是B族维生素。推荐食物：鳗鱼、蓝莓等。
感冒	补充优质蛋白和B族维生素。推荐食物：牛肉、蘑菇等。
喉咙痛	补充β胡萝卜素对抗炎症，保护咽喉黏膜。推荐食物：胡萝卜、菠菜等。

咳嗽	补充维生素C，激活白细胞，提高肺部免疫力。推荐食物：橙子、猕猴桃、西兰花等。
口腔溃疡	补充B族维生素，加速蛋白质代谢，尤其是维生素B_2和维生素B_6。推荐食物：金枪鱼、蚕豆、芝士等。
体寒	摄取姜辣素和辣椒素，激活血液循环，杀菌和抗氧化。推荐食物：生姜、辣椒、大蒜等。
皮肤暗沉	补充维生素C、维生素E和叶酸，抑制黑色素形成和美白。推荐食物：柠檬、番茄、菠菜、鸡蛋等。
脱发	补充B族维生素和锌，有助于对抗神经性失调导致的脱发，修正头发蛋白质代谢。推荐食物：核桃、生蚝、贝类等。
肠胃问题	摄取单宁酸和膳食纤维，对抗消化不良，如胀气和便秘。推荐食物：红茶、肉桂、苹果等。

18 女性体脂率保持多少比较合适

男性减脂比女性减脂要简单得多，女性减脂会遇到各种问题，运动营养策略要复杂得多。

女性的体脂必须维持在一定水平，才能让雌性激素保持平衡，散发出真正的女性魅力，更具吸引力，也才能让身体健康、心情愉悦。在现代社会的审美冲击下，极度追求低体脂是有害的。那么女性体脂率保持多少最合适呢？

实际上这个值因人而异，大致范围在20%~25%，面色红润、脸蛋饱满、月经正常、脾气温和、心情愉悦、精神焕发都是最佳体脂率带来的好处，而萎靡不振、月经不调、指甲发软、头发脱落、甲状腺有结节，再瘦那也不是美而是亚健康。

目前科学界关注的是低体脂对内分泌激素的影响，尽管还没有可靠数据证明低体脂对人体健康会产生不利影响，但不能忽略的是，女性在大幅减脂时，体内激素平衡剧烈改变，会引起很多不良后果，因此如果你不是抱着比赛、表演或者其他目的减脂，过高或过低的体脂对于健康都是不利的。

19 女性经期能运动吗

如果经期出现痛经、全身发软、浑身无力等症状，毋庸置疑不适宜运动，此时你的身体需要好好休息。

如果你在经期没有什么不适，当然可以选择运动，但是运动也要注意，不能给子宫压力，凡是让腹腔产生压力的动作都要慎重，如深蹲、波比跳、蹲跳、硬拉等。月经期身体本来就处于一种免疫力低下状态，这些运动带来的压力会让淋巴细胞萎缩产生炎性，导致相关病症或不适。

在经期，身体状态允许的条件下，力量训练可以选择手臂、胸部、上背部的运动，有氧运动选择慢走等低强度运动。

所以经期能不能运动完全取决于当时自身状态。

20 你肯定不知道的延缓皮肤衰老的食材组合

影响皮肤衰老的原因有内在和外在两方面因素。

① 内在因素：主要是细胞分化能力变弱，弹性蛋白和胶原蛋白分解加速，自由基使皮肤失去弹性、产生色斑。

② 外在因素：主要是紫外线、温度、灰尘以及滥用化妆品等。

衰老皮肤需要精心保养，尤其是脸部皮肤衰老的速度更快。平时饮食应该注意少食多餐，食物多样化，不宜暴饮暴食，否则会导致脾胃虚弱，皮肤松弛，面色暗沉或苍白。

天然食材当中，大部分都对皮肤有好处，如果食材进行合理的组合，能发挥出极致的功效。

以下介绍5款食材搭配，在我们的日常饮食中可帮助大家延缓皮肤衰老。

① **彩椒+木耳：**黄金比例维生素C、铁、锌搭配，可以使得肌肤美白、润泽、细嫩，防止皮肤老化。

② **冬枣+草莓：**该组合释放出维生素C、维生素E、铁、硒、生物黄酮等，可美白皮肤、协助消除雀斑、保护皮肤胶原蛋白，使皮肤润泽有弹性。

③ **巴西坚果+黑芝麻：**进入体内形成谷胱甘肽过氧化物酶，简直是延缓皮肤衰老的利器，可以使皮肤锁水，保持湿润。

④ **螺旋藻+虾：**食用后体内会生成超抗氧化歧化酶，使皮肤保持弹性、光泽红润、有张力，延缓衰老。

⑤ **黄豆豆浆+全麦片：**该组合含有大豆异黄酮，与雌激素结构相似，能够美化皮肤、稳定情绪；含有烟酰胺，可以防止皮肤干燥；维生素E可以清除自由基，使皮肤维持年轻状态。

21 半熟或全生的蛋白质能吃吗

假期难免要吃几顿大餐，那么在心情愉悦并放纵时，要时刻警惕饮食安全。为了你的健康，建议不要吃全生或半熟制品。

鸡蛋

杜绝进食蛋黄未凝固的鸡蛋，否则容易感染沙门菌。

牛排

杜绝吃半熟牛排，否则容易感染寄生虫和一些致命病毒，尽管为了保证进食的口感，吃五成熟和七成熟的人居多，而且商家也宣称这样的牛排是非常安全的，但我认为牺牲口感吃全熟是比较安全的做法，否则有患寄生虫等疾病的风险。吃牛排患绦虫的案例在文献中时有记载。

刺身和寿司

市面上那些宣称可生吃的刺身和寿司实际上不一定安全，那些星级大厨也不能保证微生物带来的危害，尽管他们会说很多食材是冰鲜或非常新鲜，而且经过低温处理后会杀死微生物，实际上最稳妥的做法是高温加工将微生物彻底杀死。食用全生海鲜危险性太大。现如今来自微生物的污染很严重，每次捕捞都有不同风险，所以尽量不要食用全生制品，再新鲜也不要。即使有人说蘸上芥末或辣酱就能将微生物杀死，甚至电视上一些科普节目还做过相关实验，但这也并不代表就靠谱。比如，生奶是从奶牛身上直接挤出来的奶，一定要经过高温加工才能饮用，其中的微生物可能多到你无法想象。

以上这些建议依据来自美国食品药品管理局（FDA），供大家参考。

22 晚上锻炼前后该不该吃饭

在一次预调研中，我们发现白领和学生最大的问题是：一天中大部分的黄金时间都留给了繁忙的工作和学习，训练只能安排在下班或放学后，而通常一次完整的训练包含了力量训练和有氧运动，算上前后的准备时间需要2小时或更长。那么练后已接近休息时间，到底该不该吃饭？若吃了是否影响健康？我收集了大量资料总结出一些干货，试图和大家一起寻找最佳答案。

首先，我们要明确健身目标：到底是增肌还是减脂？下面就这两种情形分别探讨。

如果在减脂期，运动前可以不进食碳水化合物，选择喝蛋白粉或牛奶，这样做的目的是最大限度保证糖原的消耗，提升脂肪供能比例，同时保障氨基酸库，对抗肌肉流失。运动后由于接近睡眠时间，这时候饥饿感十分强烈，可以把一天中碳水化合物、蛋白质和脂肪的剩余额度在此时补充一下，因为减脂期的总原则是一天热量摄入小于消耗，此时严格按比例进食是不会有长胖风险的。但必须注意，夜晚进食后立即休息会对身体消化系统产生一定的负担，所以一定不能吃太饱，尽量选择易消化的流食，也可用补剂来代替。比如：用水果当碳水化合物，配合蛋白粉、蛋白棒、酸奶、新鲜蔬菜，简单、方便、快捷。

如果在增肌期，运动前后都要摄入碳水化合物和蛋白质，无论多晚都要吃。因为这两个是营养窗口期，否则白练了。选择的食材和减脂期差不多，但碳水化合物可以选择高GI碳水化合物，如面包片等。营养素在练前可多吃，练后一定要少吃，因为过晚进食可能会引起一系列消化疾病，如反流性食管炎等，所以一定要谨慎！

23 学生和白领如何给自己加餐

一位健身者的一句话引起了我的担忧：“我没有时间吃饭，只能在上班路上解决早餐。”且不论这顿饭营养搭配是否合理，只就这种工作的紧张程度而言，我们必须做好加餐工作。也许很多人说，正餐很重要，加餐只是锦上添花，但实际上加餐也有很大学问。正确的加餐既能收获身材又能收获健康，而错误的加餐则会继续增加身体的压力，让本来就脆弱的健康雪上加霜。下面我就针对白领、学生等给出加餐的建议。

建议一

如果工作或学习紧张，请每隔2~3个小时进食一次。尽管研究已经明确表示，人一天消耗的热量主要是靠基础代谢和活动代谢，而脑力劳动对总热量的消耗贡献并不大，但是在压力激增的环境下，身体会调用更多的维生素和矿物质进行代谢和抗压，可以说这一顿加餐考虑的并不是热量，而是补充足够多的维生素和矿物质，但为了不让每日摄入的热量超标，吃少量的奶制品、全麦食品和水果等作为加餐是绝佳的选择。

建议二

加餐必须选对水果。由于繁忙的工作和学习，白领和学生注意力高度集中，精神高度紧张，容易患上溃疡、失眠和身体疼痛等疾病，因此不宜多吃李子、菠萝、杨梅和山楂等水果，这些水果会进一步加重症状。尤其是菠萝还有可能加重头痛等。而甘蔗、荔枝、柿子这两种水果也不推荐，对处于排空状态的胃并不好，会刺激到胃的黏膜，因为处于压力状态下的身体更容易出现健康问题。那么吃什么水果适合呢？火龙果、西瓜、桃子、橙子、猕猴桃、蓝莓和圣女果等都是不错的选择，这些水果含有丰富的维生素，尤其用眼较多的人，多吃点西红柿可以很好地补充维生素A，这对你非常有利。

建议三

加餐可以适当吃一些坚果。一是目前我们的饮食中的必需脂肪酸ω-3量太少，这和中餐的烹饪方式有很大的关系，补充坚果可以增加必需脂肪酸ω-3的摄入量，确保身体能够抗炎。另外一个原因是，白领和学生忙起来根本无暇享受阳光，久而久之导致通过自然补充的方式无法有效获得维生素D，从而引发骨质疏松，适量吃一些坚果是非常好的补充方式。那么坚果吃多少？如美国大杏仁，每次加餐摄入量在6~10粒即可，核桃不超过2颗。坚果摄入过多会造成热量超标和胃部消化负担。

建议四

加餐切忌吃甜食。身体在压力状态下对糖的渴望非常强烈，因此很多人选择吃甜食作为加餐，虽然当时获得一时满足，却为身体埋下了很多健康隐患，比如肥胖、高血脂甚至是糖尿病等。所以请尽量远离甜食，如饼干和蛋糕之类，建议吃一些全麦食品。

建议五

加餐时别忘了补充足够的水。身体处于水环境下，生病的机率会大大降低，尤其当压力较大时，别忘了多给身体补水，这对你的皮肤管理有益处，多喝水会增加排尿频率，会排出更多体内垃圾，客观上能够增加活动频次，规避患便秘、痔疮、腰椎间盘突出和前列腺肿大或增生的风险。

24 提升免疫力的营养策略

相信一定有人存在免疫力低下的困扰，他们应该对提升免疫力和抵抗力的策略非常感兴趣，下面着重从营养的角度来阐述如何提升免疫力。

先看一下免疫力工作的原理，外部压力增加，包括生理和心理方面，会导致应激激素和促炎细胞因子代谢水平上升，这时候就会为免疫系统增加压力，免疫物质被狠狠“压制”，所以医生总提倡要笑口常开，目的就是要减轻压力，让你的免疫力不会受到冲击，身体才能健康。

我们要时刻保持好心情，减轻心理压力，并避免过度训练，因为人体在过度训练后，身体所产生的压力同样也可以导致免疫力低下。

如果以上做不到的话，可以试试以下方法，不过起效程度因人而异。

一是 在运动后立即食用碳水化合物，这可显著降低抗炎因子，促进免疫物质增加。

二是 多吃洋葱和蓝莓，其中含有丰富的槲皮黄酮，它能够很好地抗炎、抗病毒和抗氧化，而且其在体内的半衰期时间比较长。

三是 喝富含益生菌的酸奶，它能够与肠道的淋巴组织共同作用调节免疫功能，可以显著提高免疫力。

25 服用抗氧化剂真的能去除自由基吗

自由基的产生机理比较复杂，由免疫细胞产生或者在无数的生理生化反应中生成，也可在高强度运动中生成，自由基会对机体造成伤害，与很多疾病发病有关。体内有2个机制可以保护身体不受其害：①自身的抗氧化酶组成的功能蛋白保护系统；②在营养物质基础上建立的保护系统。

通常，我们认为摄入一些抗氧化剂会帮助身体清除自由基。20世纪90年代，已有大量研究显示，β胡萝卜素不仅没有帮助到吸烟者，反而使他们的肺癌发病率升高，后来实验不得不结束，之后引发了抗氧化剂研究浪潮。2004年一项10万人以上规模的实验再一次得出了一个与常识大相径庭的结论：每日服用维生素E超过

267毫克，死亡率明显上升。另外一些大型实验同样得出了颠覆大众认识的结论：每日服用维生素E、维生素C并没有对身体有任何保护作用。

学者们感到同样困惑，这些抗氧化剂在血液中确实具有保护人体的作用，但是制成补剂服用怎么就没有效果了呢，甚至还起反作用。在给出合理解释的情况下，研究者们下了个安全的结论：对于健康人群，抗氧化剂通过日常的蔬菜水果就能得到满足，没必要再额外补充。

但我国的一些研究恰恰得出了相反的结论，这些抗氧化剂有利于死亡率的下降，需要注意的是，这个结论的研究对象是营养不良人群，因此对普通人群不具有参考意义。

根据目前的文献来看，大致的结论就是正常人没有补充抗氧化剂的必要，甚至长期服用抗氧化剂的安全性都存在问题。所以没必要冒这个风险，补充适量蔬菜和水果即可。如果你是竞技型运动员，且一段时间内饮食控制单一，那么补充这些补剂也许具有一定的意义，但即便是这样也不能长期服用。幸运的是，有些研究发现即便是在这些运动员身上，抗氧化剂的缺乏也不会影响身体，因为人体自身的抗氧化保护屏障非常强大。

所以，要想健康，我们还是要真正地回归到饮食上来，纯天然食物才是最佳的补剂！

26 有氧运动对女性激素水平的影响

女性的激素主要包括促卵泡激素、黄体生成素、雌二醇、孕酮和睾酮等。

女性的经期就是由下丘脑、垂体和卵巢互相作用调节的。下丘脑刺激垂体分泌促卵泡激素和黄体生成素，促卵泡激素刺激卵泡发育，在黄体生成素的刺激下排卵，黄体形成并分泌雌激素和孕激素。

已有实验研究表明，有氧运动对促卵泡激素和黄体生成素没有影响，而有氧运动和力量训练却可以显著增强女性的雌二醇和睾酮激素，这两种激素可以提升卵巢功能和防止骨质疏松。这个结论说明有氧运动和力量训练是有好处的，但前提一定是非大强度，这一点至关重要。

也有很多文献指出，出现运动性闭经的竞技运动员，她们体内的激素水平均低于正常运动员水平，推测其原因可能是下丘脑功能失调导致。因此，如果你不是以运动成绩为目的的训练大可不必强度太大。

另外，有些朋友在不了解营养的前提下，盲目节食，营养搭配不合理，甚至缺乏营养，同样会导致月经不正常的情况，加速衰老。

所以，营养素的合理搭配加上适量运动才会解决女性经期不规律的烦恼。

27 雌激素过多导致脂肪堆积该如何调理

一般肥胖会导致雌性激素增高，但雌性激素高未必会导致肥胖。

雌激素偏高的常见原因

一般育龄妇女雌性激素偏高的原因主要如下。

---

① 卵巢功能亢进会导致雌激素分泌增加。

② 下丘脑–垂体功能亢进，促性腺激素分泌增多，从而促进卵巢更多分泌雌激素。

③ 肥胖、肝脏疾病也会引起雌激素增加。

④ 服用含有过多雌激素的营养品，如植物性雌激素等。

雌激素分泌过多会导致子宫肌瘤、内膜病变、乳腺病变、内分泌失调、排卵异常和不孕不育等。

对策

首先应找出导致雌激素增加的原因，如果单纯是因为肥胖导致的雌激素增加，应以减肥为主。

推荐采用低碳水化合物低脂肪均衡蛋白质的饮食法加运动的方式解决，这种方式效果好。热量缺口设定为300~500千卡，每天的碳水化合物摄入不超过1克/千克体重，碳水化合物以低GI高纤维碳水化合物为主，推荐选择土豆、南瓜和红薯，而谷物类对雌激素有一定刺激作用，建议少吃。

蛋白质每天摄入应维持在1.2克/千克体重左右，以鱼肉为主。脂肪的选择以不饱和脂肪酸为主，如菜籽油和鱼油。运动方面，采用先力量训练后有氧运动的方式，每周锻炼不少于3次。8周后就会有非常明显的减脂效果，尤其是下半身脂肪堆积问题很快会得到改善。

但如果是器质性病变导致的雌激素增加，建议及时就医。

28 中链脂肪酸可以帮助改善体脂成分吗

减脂期一直强调要制造热量缺口，同时要注意宏量营养素的搭配，碳水化合物和蛋白质当然是主角，食材丰富多样，而脂肪，大多数人摄入的都是长链脂肪酸。为了能够显著改善体脂成分，下面就从脂肪着手，着重介绍一下中链脂肪酸。

中链脂肪酸（MCFAs）为含有8~12个碳原子的饱和脂肪酸，常见的有辛酸和癸酸，自然界主要来源于牛奶及其制品、棕榈仁油和椰子油等。MCFAs和甘油通过酯化作用形成中链三酰甘油（MCT），与长链三酰甘油（LCT）相比，它进入体内后可快速代谢氧化提供能量，且不易在组织器官储存，因而能减少脂肪组织的富集。20世纪50年代，MCT应用于临床，治疗包括胰腺功能不全、脂质吸收障碍、淋巴运输系统障碍及长链脂肪酸氧化缺陷的患者。

中链脂肪酸可以减少身体的脂肪积累，其机理一般认为是MCT通过增加能量代谢、促进肝脏脂肪酸的氧化、控制食欲及消耗脂肪组织而降低体脂。当然有些研究还发现，MCT能够抑制脂肪形成的关键基因。另外，有些研究者还发现 MCT能激活某些白色脂肪的消耗酶，从而使得脂肪减少。

很多研究结果表明，MCT在改善体脂方面存在着显著效果。一项研究显示，在控制其他变量的条件下，连续食用12周MCT的受试者要比食用橄榄油的受试者在体重和体脂方面下降更快。另外，每天摄入7克MCT可以在短期内减少2型糖尿病患者的腰围，这对想快速改善体形的健身爱好者很有帮助。

所以，我们可以采用中链脂肪酸来减脂，比如利用椰子油做菜，或者补充一些MCT补剂。

最后，需要提醒的是，不要把希望全部压在中链脂肪酸上，毕竟想要长期获得好身材是一个综合性工程，不是单方面因素发挥的功劳。

29 感冒后能运动吗

无论患上哪种感冒，身体的恢复都有赖于休息。休息的目的是避免加重症状，给免疫系统足够的环境和时间与病毒和细菌来战斗。

如果此时我们进行大强度运动，比如撸铁、HIIT和跑步，会使得体内生成更多的热量，加上中枢神经系统兴奋度上升，运动代谢加快，体温升高，体内的糖、脂肪和蛋白质消耗加快，有限的资源没有用来对付疾病，反而用来增加能量消耗，运动过后还会在本来压力较大的免疫系统上增压，使得抵抗力进一步降低，同时心肺系统负担加重。

一般情况下，感冒后导致的很多症状需要身体的防御系统与病毒和细菌进行抗衡，只有身体得到充分的休息，免疫系统才能更好地生成抗体，肝脏才能更好地发挥解毒作用。剧烈运动会加剧身体的不平衡，临床上可以经常见到感冒后进行运动造成心肌受损，比如病毒性心肌炎等。

然而有人说：“为什么我感冒后稍微一运动身体反而感觉舒服了呢？似乎上呼吸道和发热的症状都得到了缓解呢？”这是因为运动出汗后，交感神经兴奋，心跳加快，呼吸加速，出汗会导致一定数量的病毒排出体外，只是暂时对症状有所缓解而已。

30 粗粮打成的粉能不能作为一餐碳水化合物的主要来源呢

粗粮等物质是碳水化合物、蛋白质和脂肪的混合体，营养物质较为全面和丰富。其中豆类是很好的碳水化合物和蛋白质来源，芝麻和核桃等坚果中含有一定量的ω-3脂肪酸。需要强调的是，其中的菊粉为天然的果聚糖、低聚果糖，它在肠道的上部不会被水解成单糖，因此不会升高血糖水平和胰岛素含量。

将以上物质打成粉末后，确实能够提升身体对它们的消化吸收能力，但物理状态的变化使得其GI值发生了改变，很多膳食纤维遭到破坏，这使得血糖升高很快（除非菊粉比例很高），饱腹感会变差，更重要的是会损失大量的维生素C和B族维生素。

如果将粗粮当作一餐的碳水化合物来源，会很快感到饥饿，稍不注意一天的热量摄入可能就会超标。另外这些物质打成粉之后会受到氧气、紫外线和微生物的侵袭，失去了食物本身的保护壳，如果保存不当，容易变质、发霉和结块。因此，正常情况下，没必要把它当作碳水化合物的主要来源。

练后这一餐是非常重要的营养摄入窗口期，此时喝这类粉状物质可以取得很好的塑形效果，这个时候摄入的营养物质全部用来身体恢复，比较利于增肌和维持基础代谢。

最后，需要强调的是，在搭配这类粉状物质时最好考虑一下各种选材的比例，搭配要合理，搞不好脂肪就超标了。

31 经常吃粗粮对身体有何影响

光吃粗粮不吃细粮可以吗？不要认为健康就要吃粗粮，完全抛弃了细粮，这是非常偏激的想法。

粗粮的好处有很多，其含有丰富的B族维生素，许多粗粮还具有药用价值，如抗癌、缓解高血压、缓解炎症等。再加上纤维含量高，使血糖升高慢，确实能控制脂肪积累，备受健身人群推崇。

可是粗粮吃多了并不好，会降低钙、锌和铁的吸收，抑制蛋白质吸收和脂肪吸收，影响蛋白质和激素合成，因此过多吃粗粮也不利于增肌。

常吃粗粮而不吃细粮的人群，脸上没有光泽，也会导致大脑早衰。一周吃3~4顿粗粮是最佳状态。

32 补充 ω-3 脂肪酸选择鱼还是鱼油

很多健身者都会选择吃鱼油，它就是从鱼身上提炼的油，但鱼油的价格并不便宜。鱼油的主要成分是多不饱和脂肪酸，含两种ω-3脂肪酸，即EPA和DHA。摄入鱼油，不仅对眼睛有好处，还可以降低血压和血脂，更好地提升细胞对炎症和前列腺素级联反应，而且已有相关研究在关注ω-3脂肪酸与运动表现之间的关系，并且发现持续摄入ω-3脂肪酸可能改善运动者的心肺功能等。

其实要想补充ω-3脂肪酸，除了吃鱼油还可以食用鱼肉，其主要存在于海鱼中，如鲑鱼、沙丁鱼、金枪鱼等。海鱼不仅含有鱼油中的ω-3脂肪酸，还含有维生素A、B族维生素、维生素E等，以及钙、磷、锌、钾等矿物质，这些都是维持健康的重要物质，再加上鱼肉是结构非常松散的蛋白质，比较容易熟，而且口感很好。

只不过鱼油的吸收效率更好，食用海鱼需要动用身体强大的消化能力。对于选择海鱼的健身者来说，如果想要补充足够的ω-3脂肪酸，需要增加吃鱼的次数，通常要想取得与吃鱼油一样的效果，一周吃鱼的次数不能少于5次。

但是选择补剂也不宜服用太多，毕竟这是脂肪，热量大，而且我们每日还要摄入其他营养素，稍有不慎，热量就会超标，积累大量脂肪。

在选择鱼油时，一定选择正规厂家的产品，同时要注意产品的保质期，过期的鱼油会产生有害的过氧化物，因此要谨慎。

33 如何正确补钙

当你被诊断为骨质疏松或钙缺乏时，请不要盲目补钙。因为单靠吃钙补剂并不能改善问题，而且会带来一系列的风险。

补钙的主要风险有肠胃不适（如便秘、胀气、屁多），抑制铁吸收，导致贫血，肾结石和肾损伤等。所以别觉得缺钙，就去吃钙片，补错了对身体有害无益。

摄入多少钙是安全的？根据膳食营养素参考摄入量（DRI）数据，成人一天食物和钙补剂摄入量不能超过最高值2000毫克，否则容易导致前述风险。

如何补钙更容易被人体吸收？与维生素D一起摄入才是补钙的最佳方式，单纯补钙吸收并不好。

补充哪种钙最合适？首推牛奶或奶制品，用食物进行补充，补剂方面优选钙化合物，如碳酸钙、柠檬酸钙和葡萄糖酸钙等。

34 如何正确吃巧克力

食用巧克力，可以提高机体的抗氧化水平，对身体健康的作用显著。一项研究表明，在食用巧克力后，类黄酮在试验者的血液中聚集，血液中有害氧化物下降了40%。有人肯定会问类黄酮是什么？它来自于食物，如蔬菜、茶、巧克力等，具有抗肿瘤和抗氧化的作用。所以真正起抗衰老作用的是类黄酮。

在巧克力是否有益于人体的诸多研究中表明，巧克力对心脏健康和延缓衰老有很好的促进作用。

这些研究中使用的都是纯度很高的黑巧克力，但是很多医生和营养专家并不提倡吃巧克力，因为纯黑巧克力本身是偏苦的，而市面上常见的巧克力是深度加工过的，为了获得更好的口感，商家会在其中添加大量固体脂肪和白砂糖，导致热量密度极高，很少有人能负担这么多热量。所以，大家在吃巧克力时，最好选择纯黑巧克力。

另外，许多人认为巧克力能让人心情变好，但目前还没有可以令人信服的证据证实。有趣的是，确实有很多抑郁的人都会选择吃点巧克力以改善症状。

那么该怎么选巧克力呢？一般选可可固形物含量至少在70%以上的，黑巧克力最好选含量为99%的。吃的量要计算到每日的总热量中去，所以东西再好也不可狂吃。

35 蛋白粉能不能和牛奶一起喝

蛋白粉和牛奶一起喝没什么问题，它们都属于高蛋白食品，是蛋白质的摄入来源之一。

很多人认为蛋白粉会增加肾脏负担导致相关疾病、增加患肿瘤概率或钙质流失等，也有人认为普通健康人群根本没有必要补充蛋白粉……其实这些观点都是片面的。

通常选择蛋白粉的人群目的很明确，是为身体补充蛋白质和必需氨基酸，大致有以下几类人群。

营养不良、身体瘦弱人群

这类人群本身处于负氮平衡，肌肉流失严重，所以喝蛋白粉能够快速补充身体所需的氨基酸。

运动人群

这类人群有减脂、增肌的需求，运动量大，需要有足够的蛋白质来维持基础代谢或增长肌肉。

素食人群

平时蛋白质摄入不足，需要通过蛋白粉来补充达到营养均衡。

当然如果以上人群的饮食能够满足一日所需，那么完全可以不食用蛋白粉，但如果我们做不到均衡饮食，这种情况下蛋白粉就是获取蛋白的最佳方式。

那么人一天摄入多少蛋白质合适？虽然《中国居民膳食指南》（2016年版）已给出了平均值，但仍然要因人而异，通常1~2克/千克体重都是安全的摄入范围，并且没有科研和临床证据认为该量对身体有危害。

需要注意的是，无论你是否食用蛋白粉，只要每天的饮食中含有大量蛋白质时，就一定要保证摄入充足的水分。

蛋白粉只是食材的一种，它本质上和选择吃什么肉没多大差别。